5,80 FC 72/11

Q

H.-U. Carl
20.11.72

W0462119

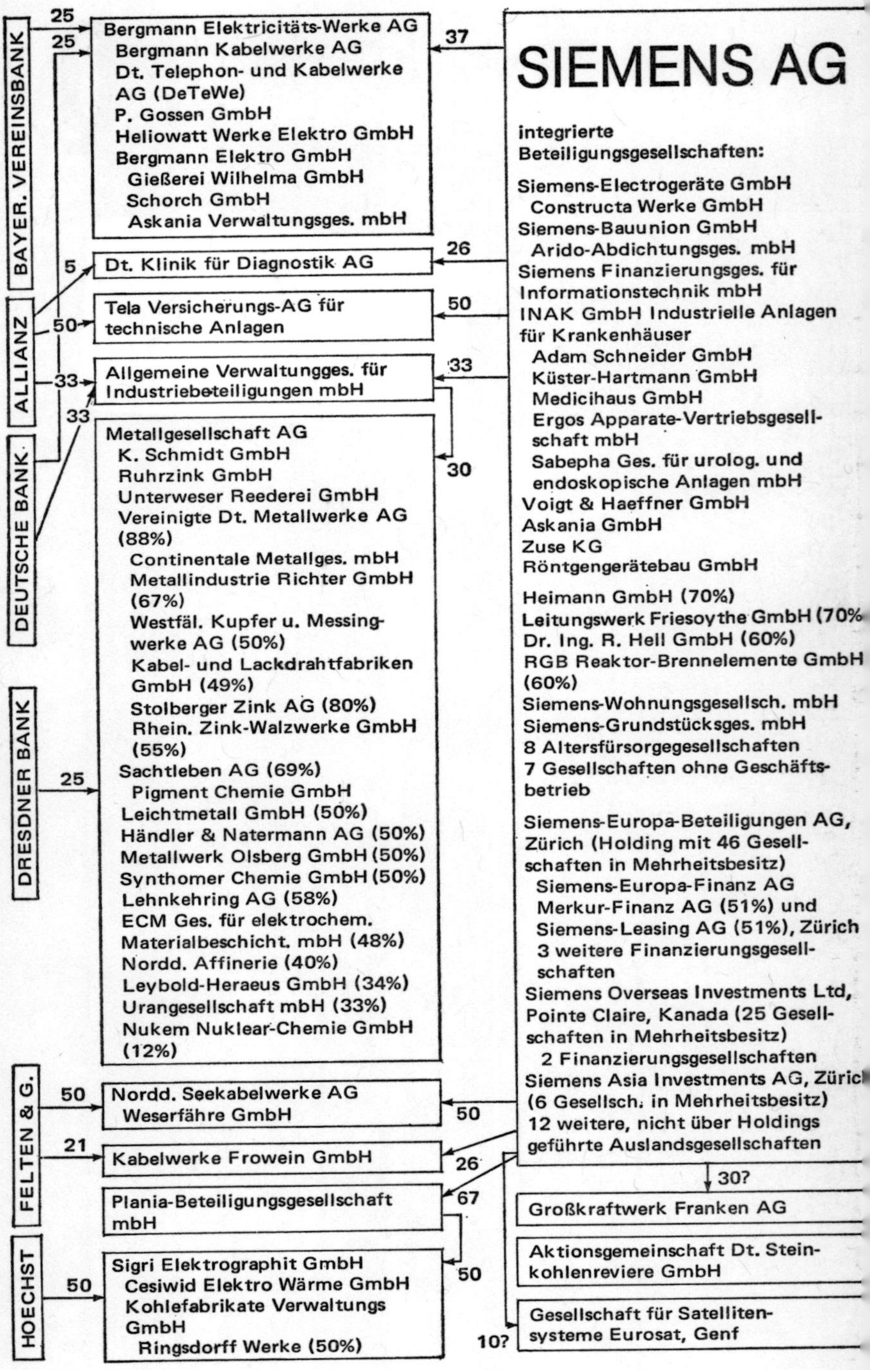

Diese Übersicht ist vereinfacht und nicht vollständig. Stand: Mai 1972

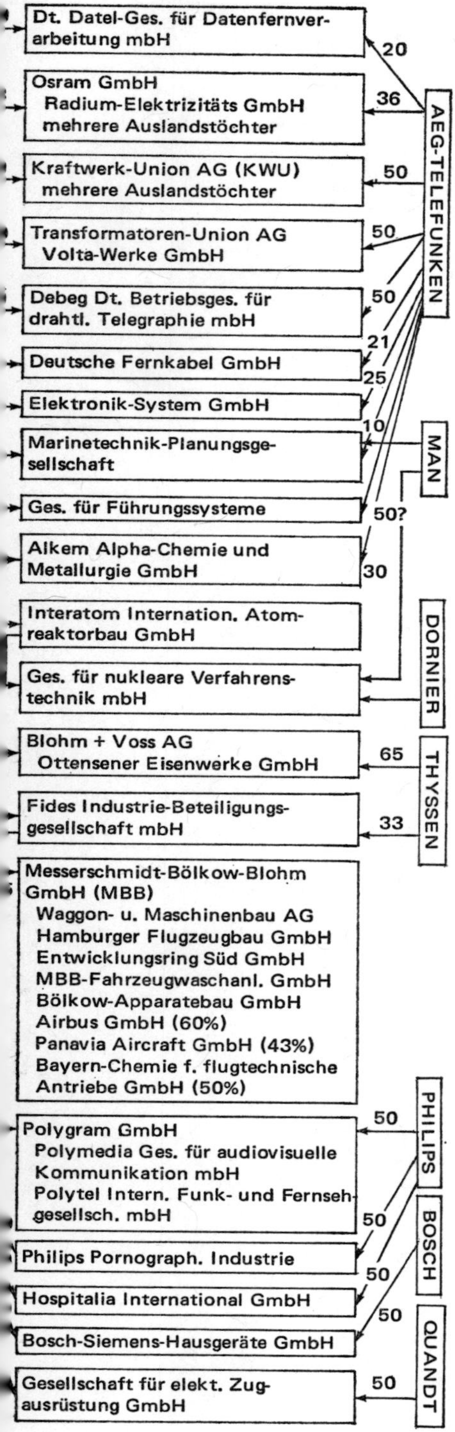

F. C. Delius

Unsere Siemens-Welt

Eine Festschrift zum 125jährigen Bestehen des Hauses S.

Verlag Klaus Wagenbach
Berlin

1.–7. Tausend
© 1972 Verlag Klaus Wagenbach, Berlin
Satz und Druck Poeschel & Schulz-Schomburgk, Eschwege
Einband Klemme und Bleimund, Bielefeld
Printed in Germany. Alle Rechte vorbehalten
ISBN 3 8031 0059 3

Inhalt

Zum Geleit

Das vorliegende Buch ist weder von der Siemens AG autorisiert noch in ihrer Verantwortung geschrieben. Es handelt sich vielmehr um einen freiwilligen Festbeitrag eines freien Siemens-Forschers zum 125jährigen Bestehen dieses Unternehmens. Natürlich kann dieses Buch die Vorteile einer autorisierten Schrift des Hauses Siemens weder bieten noch ersetzen. Es ist als Ergänzung gedacht – weil angenommen werden darf, daß bei dem sprichwörtlichen Understatement des Hauses Siemens seine wirklichen Leistungen möglicherweise nicht immer ihre verdiente ausreichende Würdigung erfahren.

Diese Würdigung wird hier mit bescheidenen Mitteln versucht: Dem Werden, Wachsen und Wesen einer Weltfirma nachzuspüren und hinter allem die Züge der Männer zu erkennen, die ein Unternehmen schufen, das die Wechselfälle des Schicksals immer zu meistern wußte, das einen entscheidenden Anteil am Aufbau unserer Wirtschaftsordnung hat und das in aller Welt hoher Achtung begegnet. Am Beispiel der Firma Siemens sollen schließlich die feinen Werkzeuge unternehmerischen Handelns beleuchtet werden – aber auch der magische Zugzwang, dem das menschlich-unternehmerische Ich, das stets das Gute will, unter den Gesetzen des Marktes und des Überlebens ausgesetzt ist und dennoch immer wieder die Oberhand gewinnt.

Diese Würdigung möchte vor allem den etwa 300 000 Mitarbeitern des Hauses Siemens helfen, das Verständnis für Geschichte und Gegenwart ihres Unternehmens zu vertiefen und den Ansporn zum zukünftigen Fortschritt verstärken. Auch und gerade deshalb erlaubte sich der Verfasser, den Stil dieser Schrift – insbesondere die Form des schon von Werner Siemens geforderten integrierenden Wir – der Redeweise nachzubilden, die bei festlichen Anlässen üblich und als rhetorisches Mittel partnerschaftlicher Verbundenheit unentbehrlich ist.

Der Verfasser ist sich des Mangels bewußt, daß ihm weder das Siemens-Archiv, noch Akten oder sonstige unveröffentlichte Dokumente zur Verfügung standen und er sich lediglich auf öffentlich zugängliche Informationen und eigene Recherchen stützen konnte. Selbstverständlich hat er keine Zahl, kein Faktum, keinen Vorgang erfunden – aber solange ihm die Akten und Archive der Firma nicht offen stehen, kann er begreiflicherweise keine Gewähr für die *absolute* Richtigkeit und Vollständigkeit der Angaben übernehmen.

Im Bestreben, diese Schrift möglichst breiten Kreisen zugänglich zu machen, mußte leider auf eine angemessene repräsentative Ausstattung verzichtet werden. Möge der reiche innere Gehalt des Buches für seine äußere Bescheidenheit entschädigen!

Unsere Geschichte

> »So habe ich für die Gründung eines Weltgeschäftes à la Fugger von Jugend an geschwärmt, welches nicht nur mir, sondern auch meinen Nachkommen Macht und Ansehen in der Welt gäbe und die Mittel, auch meine Geschwister und nähere Angehörige in höhere Lebensregionen zu erheben.«
>
> Werner von Siemens

Wenn wir heute zu erfahren suchen, welche unternehmerischen Eigenschaften und welche technisch-wissenschaftlichen Entwicklungen den Namen Siemens zu einem Begriff für die Welt gemacht haben, so fällt unser Auge zunächst auf einen der Großen, die Deutschland hervorgebracht hat, auf Werner Siemens.

Wie immer auch die großen Unternehmer den Stein der Tat ins Rollen gebracht haben, wie immer sie zu den prägenden Gestalten unserer gesellschaftlichen Ordnung geworden sind, eines steht fest: Sie haben neue Werte geschaffen, haben mit Herz und Beharrlichkeit, Mut und Fleiß den Aufstieg und Glanz ihrer Persönlichkeit und ihres Werkes in die Wege geleitet. Bei Werner Siemens aber waren es mehr als nur persönliche Tugenden: In ihm fand der Mensch als fragendes, tätiges und ordnendes Wesen seine außerordentliche Verkörperung. Sein Leben und seine Leistungen wurden Leitbild für die Nachwelt und flößten dem Haus, das seinen Namen trägt, sein eigentliches Kapital ein – jenen Geist des Fortschritts, der sich immer wieder und in jeder Hinsicht aufs beste verwertet hat.

Offiziersrock, Erfindergeist und Unternehmertat

Dem Motto seines Vaters folgend, »Nicht Amboß, sondern Hammer sein«, trat der 1816 in Lenthe bei Hannover geborene Gutspächtersohn Werner Siemens in die preußische Armee ein, tat sich dort um und schaffte den Sprung an die Vereinigte Artillerie- und Ingenieurschule zu Berlin. Eins gegen das andere abwägend, entschied er sich für beides – Offizier und Ingenieur, Schrot und Korn. Diese Entscheidung zeigt schon seine praktische Lebenskunst. Da er einige seiner jüngeren Geschwister mit zu versorgen hatte, brauchte er Geld. Mars und Merkur blieben ihm treu. Seine ersten Erfindungen trugen ihm den Respekt einiger Fachleute ein, seine Feuerwerkskünste verschafften ihm die Zuneigung des Hofs. Dem folgten sein Verfahren zur Messung von Geschoßgeschwindigkeiten und seine nicht weniger bedeutende Erfindung der militärisch nutzbaren Schießbaumwolle – zwei erste Volltreffer. Aber erst, als ihm die Verbesserung des Wheatstoneschen Zeigertelegraphen gelungen war und als er die militärische Bedeutung dieser Erfindung erkannt und von einem Vetter das nötige Startkapital (6 000 Taler) erhalten hatte, konnte der Offizier mit dem Mechaniker J. G. Halske an jenem 1. Oktober 1847 in einem Berliner Hinterhaus die »Telegraphenbauanstalt Siemens & Halske« aus der Taufe heben, die am 12. 10. – dem eigentlichen Gründungstag – ihren Betrieb aufnahm.

Die Tatsache, daß die spätere Weltfirma in einem Jahr der Krise gegründet werden konnte, war weniger Zufall denn strategisches Genie: Werner Siemens wußte sich von konjunkturellen Schwankungen weitgehend unabhängig, indem er auf die wachsenden Bedürfnisse des Militärs, der staatlichen Behörden und einiger Eisenbahngesellschaften setzte. Obwohl er sich bereits vor Gründung der Firma durch geschäftliche Absprachen mit der preußischen Telegraphenkommission – in der er zudem Sitz und Stimme hatte – den Weg geebnet hatte, blieb der junge Unternehmer noch zwei Jahre in Staatsdiensten, um seine Interessen mit denen des Militärs noch inniger zu verschmelzen und eine auch für ihn vorteilhafte »definitive Ordnung des Telegraphenwesens« durchzufechten.

Die Revolution von 1848 verfolgte der Offizier und Unternehmer mit einer gewissen Sympathie; er wußte besonders den Respekt der Aufrührer vor dem Privateigentum zu rühmen: »Und denke Dir, während der ganzen Revolution ist keine einzige Laterne zerschlagen, kein einziges Stück Privateigentum berührt! Alle Häuser standen offen und die Menge durchströmte sie treppauf treppab und nicht ein Stück ist gestohlen. Kann man jetzt nicht stolz darauf sein, ein Deutscher zu heißen?«

Nachdem er im Krieg gegen Dänemark mit der Erfindung der Seemine die Marinetechnik bereichert hatte, mußte er ab Sommer 1848 für seinen König in aller Eile eine Telegraphenlinie nach Frankfurt am Main bauen, zur besseren Observation der Debatten der Nationalversammlung. Siemens hatte seine demokratischen Neigungen vorerst zurückgestellt und war auf den Boden unternehmerischer Realität zurückgekehrt: »Es wird doch aus der ganzen Geschichte nichts Gescheites ... Der Deutsche muß erst Hiebe kriegen, wenn er vernünftig handeln soll. Was nutzt es, Idealen nachzujagen, die keinen gesunden Boden haben!«

Der erfolgreiche Bau der Frankfurter Leitung brachte dem jungen Unternehmen eine derartige Fülle von Aufträgen, daß Siemens nun kein Risiko mehr einging, als er 1849 den Offiziersrock an den Nagel hing – nicht ohne vorher das Feld bestellt zu haben. Ein Freund nahm seinen Platz als Leiter der Technik der preußischen Staatstelegraphen ein. Die sorglose und gewinnbringende Zeit, in der sich Siemens zugleich als Beamter, Offizier und Unternehmer entfalten konnte, war zuende. Aber mit dieser Verzahnung, die – wie ein Biograph formuliert – »den Unternehmer Werner Siemens zeitweise als seinen eigenen Auftraggeber in Erscheinung treten ließ«, war der Grundstein gelegt. Rückblickend konnte der Gründer mit Recht sagen, daß ihm die Militärzeit den Weg durchs Leben gebahnt habe.

Herrschergunst und Führungskunst

Schon 1851 führten technische Unvollkommenheiten der hastig erstellten ersten Leitungen zu einer ernsten Krise: dem jungen Pionier-Unternehmen wurden weitere Aufträge entzogen. So mußte Europa einlösen, was Preußen zu halten versprochen hatte. Siemens wich auf ausländische Märkte aus, vor allem nach England und Rußland. Das Haus wurde in London von Werners Bruder Wilhelm (später: William), in Petersburg von dem anderen Bruder Carl etabliert. Insbesondere der russische Zar kann mit Fug und Recht als Feund und Retter von Siemens & Halske bezeichnet werden. Aufbau und Ausbau des Telegraphennetzes waren in ihrer Bedeutung als Mittel planvoller Herrschaft vom Zaren erkannt worden – besonders in diesen Zeiten der Vorbereitungen für den dann 1853 ausbrechenden Krimkrieg. Auch diese Linien hatten die Siemens-Männer unter oft abenteuerlichen Bedingungen und in kürzester Zeit auf die Beine zu stellen. Welche Bedeutung diese Aufträge hatten, läßt sich daran ablesen, daß die Petersburger Siemens-Filiale im Jahr 1854 achtmal soviel umsetzte wie die Mutterfirma in Berlin.

Auch die andere Partei im Krimkrieg, England, konnte mit der Hilfe der Brüder Siemens rechnen. Das damals begründete Prinzip der Neutralität der Produkte sicherte der Firma neben doppelten Gewinnen vor allem die Genugtuung, sich in jedem Fall den Sieger als zahlungskräftigeren Auftraggeber zu erhalten.

Mit der russischen Niederlage belebte sich folglich das englische Geschäft. Da William Siemens in die bedeutendste englische Kabelfirma eingeheiratet hatte, lag die neue Idee sozusagen vor der Haustür: die telegraphische Überwindung der Meerestiefen. Im englischen und französischen Auftrag wurden selbstproduzierte Kabel mit eigenen Schiffen durch Mittelmeer, Atlantik und Indischen Ozean verlegt. Diese Phase wurde bald von einem neuen gigantischen Projekt in den Schatten gestellt. Im Jahr 1867 machten sich die Siemens Brothers an die Ausführung einer von den Briten schon lange gewünschten, 11 000 km langen »Indo-Europäischen Telegraphenlinie«. Dieser Markstein der Geschichte der Nachrichtentechnik und deutscher Ingenieurleistung wurde überdies ein politisches und administratives Instrument ersten Ranges, das die britische Kolonialherrschaft entscheidend festigte und sich besonders bei der erfolgreichen Niederschlagung der indischen Aufstände bewähren sollte.

Wie sah es in diesen Jahren zuhause in Berlin aus? Der Unternehmer Siemens hatte die Firma durch neue Erfindungen und Verbesserungen immer mehr qualifiziert und sich vorerst als Mitglied und Abgeordneter der liberalen Deutschen Fortschrittspartei profiliert, um dann doch stärker die ökonomischen Perspektiven der Bismarckschen Nationalpolitik wahrzunehmen. Das seit 1866 immer mächtigere Preußen durfte auf Dauer nicht in den Auftragsbüchern fehlen. Die Gunst der Stunde fügte es, daß an der Spitze der staatlichen Telegraphenverwaltung wieder eine der Firma Siemens & Halske geneigte Persönlichkeit stand.

Da nun endlich die Ertragsbasis der Firma durch Liefermonopole, Beziehungen und Erfindergeist gesichert war, mußte auch die Personalpolitik dem Rechnung tragen und die Arbeiter nicht nur kurzfristig durch gute Löhne, sondern auch langfristig durch eine menschliche, an familiäres Denken anknüpfende Behandlung dem Unternehmen verbinden. Siemens: »Wichtig scheint es mir, durch teilnehmendes Eingehen in ihre kleinen Wünsche und Bedürfnisse einen guten Geist unter den uns treugebliebenen Leuten zu erhalten, resp. zu erwecken.« Diese Menschlichkeit war mit einer festen Haltung verbunden: »Brecht was nicht biegen will – denn ohne festes Kommando geht es nun mal nicht in einem so großen und komplizierten Geschäft wie dem unsrigen«, so Werner an seine Söhne.

Freilich verlangte das Wohlwollen der Unternehmensleitung auf der anderen Seite auch die Einhaltung strenger Pflichten: Überstunden, wann immer sie verlangt wurden, Akkordarbeit (seit 1858) und straffe

Disziplin. So bildete man z. B. eine zeitlang mehr Büropersonal aus, als man augenblicklich benötigte, um für Auftragsanstieg oder Entlassungen gerüstet zu sein. Das ermöglichte der Geschäftsleitung, mit leicht wahrzumachenden Entlassungsdrohungen die gewünschte »strenge Zucht« und »Totenstille« durchzusetzen. Dazu halfen auch Geldstrafen, »um die Leute untertäniger und gefügiger zu machen; das ist vollständig gelungen« – dies das sicher etwas harte Diktum eines Bürovorstehers. Selbstverständlich gab es bei S & H keine Gleichmacherei. Angestellte, damals noch Beamte genannt, arbeiteten etwa 10 Stunden weniger pro Woche als Arbeiter und erhielten 14 Tage Urlaub; den Arbeitern wurde erst 40 Jahre später (1906) 6 Tage Urlaub gewährt.

Marketing und Kriegsgeschäfte

Auch in Fragen des Marketings können wir einen vorbildlichen und erstaunlichen Weitblick feststellen. Beispielsweise formulierte Werner Siemens, der 1864 im Kaukasus eine reiche Kupfermine gekauft hatte, eine Strategie, bei Menschen in unterentwickelten Ländern neue Bedürfnisse zu wecken, um sie zur Arbeit anzuhalten und in die Botmäßigkeit der zivilisierten Wirtschaftsmächte zu bringen:

»Da nämlich die Leute dort nur sehr geringe Lebensbedürfnisse haben, so liegt kein Grund für sie vor, viel zu arbeiten. Haben sie sich soviel Geld verdient, um ihren Lebensunterhalt für etliche Wochen gesichert zu haben, so hören sie auf zu arbeiten und ruhen. Es gab dagegen nur das eine Mittel, den Leuten Bedürfnisse anzugewöhnen, deren Befriedigung bloß durch dauernde Arbeitsleistung zu ermöglichen war. Die Handhabe dazu bildete der dem weiblichen Geschlechte angeborene Sinn für angenehmes Familienleben und seine leicht zu erweckende Eitelkeit und Putzsucht.«

Nach der detaillierten Erläuterung seines Programms resümierte der Gesellschaftspolitiker Siemens: »Ich kann nur dringend raten, bei unseren jetzigen kolonialen Bestrebungen in gleicher Richtung vorzugehen. Der bedürfnislose Mensch ist jeder Kulturentwicklung feindlich. Erst wenn Bedürfnisse in ihm erweckt sind und er an Arbeit für ihre Befriedigung gewöhnt ist, bildet er ein dankbares Objekt für soziale und religiöse Kulturbestrebungen. Mit letzteren zu beginnen, wird immer nur Scheinresultate geben.«

Die technisch bedeutsamste Tat seines Lebens gelang Werner Siemens im Herbst 1866: die Entdeckung und Entwicklung des elektro-dynamischen Prinzips, das die Stromerzeugung revolutionierte und die Starkstromtechnik begründete. Der neue Apparat konnte – ohne Dauermagneten und Batterien – mechanische Energie in elektrische umwandeln und ermöglichte die Erzeugung von Strömen jeder gewünschten Spannung und Stärke. Auch hier wieder Weitblick: Die Dynamomaschine war noch nicht reif für die Massenproduktion, aber um eben diese zu fördern, wurde dem preußischen Militär bereits kurz nach ihrer ersten Vorstellung vor der Berliner Akademie der Wissenschaften Gelegenheit geboten, sie bei Beleuchtung und Minenzündung zu testen.

Die durch den Machtzuwachs Preußens »gehobene nationale Stimmung«, von der Bismarck-Anhänger Siemens spricht, wirkte sich unmittelbar auf die Umsätze der Firma aus. Zur Kriegsvorbereitung produzierten S & H ab 1866 magnetelektrische Minenzünder, elektrische Distanzmesser, elektrische Schiffssteuerungen, um unbemannte, mit Sprengladung ausgerüstete Boote feindlichen Schiffen entgegenzusteuern, und laufend verbesserte Kriegstelegraphen. Aber erst der deutsch-französische Krieg belebte das Geschäft auf bisher unvorstellbare Weise. Ein Meister berichtet: »Der Krieg von 1870/71 wirkte auf die Werkstatt in jeder Weise günstig: Wir konnten selbst unsere zahlreichen Ladenhüter absetzen.« Der Krieg zeigte außerdem die Mängel des uneinheitlichen Eisenbahn-Signalsystems und beschleunigte so den Entschluß, die deutschen Strecken dem Sicherungssystem von S & H zu unterstellen.

In das Jahr 1870 fällt auch die Gründung der Deutschen Bank, deren Bedeutung für die Firma Siemens wie für die deutsche Wirtschaft kaum zu überschätzen ist. Mitbegründer war der damalige Chefsyndikus von S & H, Werners Vetter Georg Siemens, der die Bank dann 30 Jahre leiten sollte und als Begründer der modernen Bankenpolitik gelten kann. Er war es, der das Prinzip aufstellte: »Ein Bankinstitut kann einem Industrieunternehmen nur dann Millionen-Kredite einräumen, wenn die Bank einen klaren Einblick in dessen finanziellen Status gewonnen hat. Das ist jedoch nur bei einer Aktiengesellschaft risikolos zu erreichen, in deren Aufsichtsrat die Bank dann ihren Vertreter entsenden müßte.« Der Weitblick der Firma Siemens, einer ihrer führenden Köpfe ins Bankwesen zu entlassen, trug dem Verlangen der erstarkenden deutschen Industrie nach Kapital und nach neuen, besonders ausländischen Märkten Rechnung und sollte sich schon sehr bald auszahlen.

Frieden und Unfrieden in der Gründerzeit

Die nachkriegsbedingte Hochkonjunktur, der relative Arbeitermangel und die Einführung der freien Berufswahl hatten besonders in der metallverarbeitenden Industrie zu Unruhe, schließlich zu Streiks und schweren Zusammenstößen mit der Polizei geführt. Als die Streikbewegung auf Siemens & Halske überzugreifen drohte, bewährte sich wieder einmal die Klugheit des Firmeninhabers: Siemens verkürzte die Arbeitszeit auf 54 Stunden pro Woche und erhöhte die Löhne.

Siemens wußte sich aber auch auf andere Weise gegen den heraufziehenden Sozialismus zu wehren. Er gründete 1872 eine der ersten Arbeitgebervereinigungen Berlins, den »Verein der Vertreter der Metallindustrie Berlins«, der seine Mitglieder verpflichtete, keinen Arbeiter ohne ein Abgangszeugnis seines vorhergehenden Arbeitsherrn und keinen Streikenden früher als vier Wochen nach Ende des Streiks wieder einzustellen. Denn Siemens war nicht bereit, sich »durch brutale Gewaltmanöver zu unbilligen und sogar im Interesse der Arbeiter selbst nicht liegenden Konzessionen drängen zu lassen« und drohte mit der Aussperrung aller seiner Arbeiter. Auf diese Weise stellte er den Arbeitsfrieden wieder her. Der Streik bröckelte ab. Wer zu klagen hatte, sollte einzeln seine Bitten vortragen. Jeder kollektive Antrag, auch wenn er von der besonders treuen Gruppe der Meister kam, mußte einen Unternehmer vom Schlage eines Siemens zutiefst kränken und empören.

Noch im gleichen Jahr ergriffen die Brüder Siemens – der Handwerksmeister Halske war mittlerweile ausgeschieden – eine weitere langfristige Maßnahme gegen Streiks, Unruhen und sozialdemokratische Propaganda: die Einrichtung einer betrieblichen Pensions-, Witwen- und Waisenkasse mit einem Grundstock von 60 000 Talern. Für jeden Mitarbeiter, der ein volles Jahr bei Siemens gearbeitet hatte, zahlte die Firma einen jährlichen Betrag ein: 10 Taler für Angestellte, 5 für Arbeiter, 3 für Arbeiterinnen. Die Höhe der Pension, die erst nach mindestens 10jähriger Firmenzugehörigkeit ausgezahlt wurde, richtete sich nach der Länge der Dienstzeit. Die Belegschaft durfte sogar die Kassenverwalter wählen. Freilich, den Anspruch auf diese Unterstützung verlor, wer streikte, wer »durch eigenes Verschulden erwerbsunfähig« wurde und wer »wissentlich und absichtlich die Interessen der drei beteiligten Etablissements oder eines derselben schädigt«.

Der alte Werner von Siemens hat in seinen Lebenserinnerungen die gesellschaftspolitischen und betriebswirtschaftlichen Vorteile dieses Systems deutlich herausgestellt: »Diese Einrichtungen haben sich ... außerordentlich bewährt. Beamte und Arbeiter betrachten sich als dauernd zugehörig zur Firma und identifizieren ihre Interessen mit ihren eigenen. Jede größere Fabrik sollte eine solche Pensionskasse bilden, zu der die Arbeiter nichts beitragen, die sie aber trotzdem selber verwalten, natürlich unter Kontrolle der Firma. Auf diese Weise ließe sich der Sreikmanie, welche die Industrie und besonders die Arbeiter selbst schwer schädigt, am besten entgegentreten ... Indessen ist das friedliche Verhältnis zwischen Arbeitgeber und Arbeitnehmer, welches durch die Pensionskasse gesichert wird, sowie eine ständige Arbeiterschaft von so großem Werte, daß eine solche Mehrausgabe gut angebracht ist. Der durch die beschriebenen Einrichtungen erzeugte Korpsgeist, der alle Mitglieder der Firma Siemens & Halske an diese bindet und für das Wohl derselben interessiert, erklärt zum großen Teil die geschäftlichen Erfolge, die wir erzielten.«

So konnte die Firma, unbehelligt von den Störungen der Sozialdemokratie und gestützt durch Aufträge der öffentlichen Hand, die Konjunkturkrisen der Gründerjahre ohne Gefährdungen überstehen und ihr Operationsfeld zügig erweitern. Neben ihrer vielseitigen Militär- und Industrieproduktion verdankten S & H ihre Umsätze u. a. dem Seekabelgeschäft (USA-Europa) sowie dem von Generalpostmeister Stephan, auch er ein guter Freund des Hauses, angeregten großen Kabellegungsprogramm. Ab 1877 kamen Telephone hinzu: Siemens verbesserte die von einem Amerikaner entwickelten, aber in Deutschland seinerzeit nicht patentierten Apparate und verkaufte in den ersten drei Jahren bereits 10 000 Stück – die Gewinnspanne von 50 % konnte sich sehen lassen.

Das Patentproblem hatte dem großen Erfinder Siemens lange am Herzen gelegen. Er hatte oft über die Schutzlosigkeit der meisten Erfindungen geklagt, ehe er bei der Ausarbeitung eines neuen, 1876 verabschiedeten Patentgesetzes mit einem Gutachten und einem Interessenverein seine Vorstellungen durchringen konnte. Sein Prinzip – Patentschutz bei gleichzeitiger vollständiger Publizierung – sicherte den Erfindern Ehre und Honorar und der Industrie vielfältige Anregungen und Exploitationsmöglichkeiten. Durch das Vorprüfungsverfahren bot er der deutschen Industrie Gelegenheit zur Einsicht fremder Patente. Wenn z.

B. eine ausländische Firma ein Patent in Deutschland anmelden wollte, berief das Patentamt einen Experten aus der deutschen Industrie, forderte weitere Details und überließ, wenn man die Konstruktion oder den Prozeß erkannt hatte, zuweilen dem Genius einer deutschen Firma das Patent.

Nun jagte eine spektakuläre Siemens-Erfindung die andere. 1879: Fahrdraht-Grubenlokomotive für den Kohlenbergbau, elektrische Gesteinsbohrmaschine, elektrischer Antrieb für Webstühle. 1880: elektrischer Lichtbogenofen zum Schmelzen von Stahl. 1881: elektrische Straßenbahn. 1882: Oberleitungsomnibus – und so weiter. Die Expansion der Firma, die 1879 noch die Hälfte ihrer Arbeiter entlassen mußte, um die notwendige Maschinisierung voranzutreiben, setzte sich unaufhaltsam fort.

Neue Fabrikanlagen wurden in Charlottenburg errichtet. Die wohldurchdachten Arbeitsbedingungen brauchten jedoch kaum geändert zu werden, zumal sich unter der Arbeiterschaft keine nennenswerten Unruhen breitmachten: Überstunden (meist ohne Lohnaufschlag), wann immer das Interesse der Firma es erforderte, zunehmende Beschäftigung von Frauen, die schon fast die Hälfte des Männerlohns erhielten, Bestimmung der Akkordhöhe und Verdienste durch die Meister, Leibesvisitationen und andere Materialkontrollen und das geheimnisvolle Angebot von Aufstiegschancen, um einen Schimmer der Hoffnung in die Herzen der Fleißigsten und Treuesten zu lenken.

Ebenso wurde die tarifliche Behandlung der Angestellten den Erfordernissen der Zeit angepaßt. Die leitenden Herren erhielten etwa das 10fache an Gehalt und Prämien der höheren Angestellten, das 30fache der mittleren und das 50fache der unteren Angestellten, die wiederum etwas mehr erhielten als die durchschnittlich verdienenden Arbeiter (1887: 29,23 Mark pro Woche). Das Betriebsklima entsprach dem einer staatlichen Behörde, es herrschten alle Vorzüge eines »kalten militärischen Tons«.

Der Kampf um die Führung

Die Erfindung der Glühlampe durch Edison und der folgende Beleuchtungs- und Kraftwerkboom brachten einige Turbulenzen in das Gefüge des Unternehmens und drohten seine führende Marktposition anzufechten. Siemens hatte sich besonders mit Emil Rathenaus Deutscher Edison-Gesellschaft zu arrangieren, der späteren AEG. Noch ehe das neue Unternehmen gegründet wurde, schrieb Werner Siemens an seinen Bruder William: »Ich glaube, es würde jetzt die richtige Politik sein, mit Edison Frieden in der ganzen Welt zu machen. Das wird uns zu Beherrschern der Elektrotechnik machen!« Rathenau und Siemens handelten also 1883 in einem zunächst auf 10 Jahre befristeten Kooperationsvertrag die Gründungsbedingungen der neuen, auf amerikanische Patente und deutsches Kapital gestützten Firma aus: Der Edison-Gesellschaft wurden die Geschäfte mit Kraftwerken und Glühlampen anvertraut, während sich S & H die Produktion aller erforderlichen Maschinen und Materialien vorbehielt.

Doch dieser Sprung nach vorn ins Zeitalter der Kartelle kam noch etwas zu früh. Die Beschränkungen hinderten die beiderseitige Expansion und kamen damit andern Konkurrenten zugute. So revidierte man 1887 diesen Vertrag. Unter Führung von Siemens & Halske und der siemensnahen Deutschen Bank sowie anderer Banken wurde ein Finanzkonsortium für die AEG gebildet und deren Kapazität beträchtlich erweitert. Der älteste Siemens-Sohn Arnold erhielt neben seinem Onkel Georg (Deutsche Bank) einen Sitz im Aufsichtsrat der »Konkurrenz«.

Die späten 80er Jahre brachten zwar zahllose Ehrungen und den erblichen Adelstitel für die Familie des Begründers der Elektrotechnik, aber sie zeigten auch die Schwächen eines konservativen, auf Loyalität und Patriarchat gründenden Managements, das in der Epoche einer immer expansiveren technischen Entwicklung und eines immer organisationsbedürftigeren Kapitalismus nicht mehr mithalten konnte. Die unerträgliche, ja beschämende Vorstellung, daß die traditionsreiche Firma ihre Vorherrschaft an die AEG verlieren könnte, wäre fast Wirklichkeit geworden. Erst als der Gründer sich auf sein Altenteil zurückzog und im Jahr 1890 sein Bruder Carl als Seniorchef und seine Söhne Arnold und Wilhelm die Führung des Hauses übernahmen und als wieder die wohltuende Unruhe einer unternehmungslustigen technischen Jugend das Haus erfüllte, begannen S & H zu ihrem alten Glanz zurückzufinden.

Im Dezember 1892 schloß Werner von Siemens im Alter von 76 Jahren die Augen für immer. Er hatte dem Jahrhundert den Stempel seiner Persönlichkeit aufgedrückt. Kein geringerer als Eugen Diesel hat hier wieder einmal den Kern getroffen: »Aber was wäre Bismarcks Welt ohne die Mitwirkung eines Werner Siemens? ... Man denke sich die großbürgerliche Leistung und Epoche fort, die von Werner Siemens mit inauguriert wurde, wo bliebe dann das Bismarcksche Reich?«

Das Jahr 1897 sah die Feier des 50jährigen Bestehens des Hauses: ein großes Essen wurde im Berliner Zoologischen Garten gegeben, wohin die qualifiziertesten und treuesten der 10 000 Beschäftigten geladen wurden. Eine Enkelin des Gründers berichtet: »Und alle die fleißigen, die ihm (Werner Siemens) geholfen haben, seine Fünkchen und Flammen zu Dienern für die Menschen zu machen, sie sollen noch einmal zusammenkommen und sollen seine Söhne und Töchter und seine Enkelsöhne und Enkeltöchter kennenlernen, weil diese allen ihnen auch einmal danken wollen für ihre lange, treue Arbeit und für alle die viele Liebe, die sie für den lieben Großpapa in ihrem Herzen bewahren.«

Kurz vor diesem Jubiläum waren die Weichen für den schweren Marsch ins 20. Jahrhundert gestellt worden. Das kapitalintensive Starkstromgeschäft, die bedeutenden Marineaufträge und die damit verbundene ungewöhnliche Personalballung hatten mehrmals die Liquidität der Firma bedroht. Diese Umstände sowie das familienbewußte Interesse des Chefs der Deutschen Bank an einem Gleichgewicht der beiden großen Elektrokonzerne führten zur Umwandlung der Kommanditgesellschaft Siemens & Halske in eine Aktiengesellschaft. Die neue Rechtsform und der Beistand der stärksten Bank halfen den erforderlichen Handlungsspielraum für die Zukunft zu potenzieren. Zwar blieb das Aktienkapital (35 Millionen Mark) zunächst in den Händen der Familie, doch bei den in relativ kurzen Abständen folgenden Kapitalerhöhungen konnte die Bank besser als die Familie mithalten.

Der immense Kapitalbedarf der Elektroindustie machte die mächtigen Banken schon damals zu wichtigen Kommandohöhen. Um die Jahrhundertwende hatten sie bei allen Konkurrenten oft mehr als einen Fuß in der Tür, nicht zuletzt bei Siemens und AEG. Das sollte sich in den kommenden Krisenjahren als äußerst vorteilhaft erweisen. Die im Zuge des rapiden Bedarfs an elektrotechnischen Produkten im Schatten von Siemens und AEG groß gewordenen Unternehmen wurden von der Rezession der Jahrhundertwende und der um 1910 so schwer erschüttert, daß ihnen nur die Wahl Konkurs oder Fusion blieb. So fiel Loewes Union an AEG, Schuckert wurde mit der Siemensschen Starkstromabteilung zur Siemens-Schuckert GmbH verschmolzen, die Helios-Werke teilten sich die beiden Großen. Und als 1910 die AEG die vorher fusionierten Felten & Guilleaume-Lahmeyerwerke aufgesogen hatte, wurden der ökonomisch gesunden Bergmann Elektricitätswerke AG von der Deutschen Bank die Kredite entzogen, um diese Firma in die Hände der Siemens-Schuckert-Werke zu bringen und damit das Gleichgewicht der Großen zu erhalten. Aus acht Elektrounternehmen waren innerhalb von wenigen Jahren zwei unter der Oberaufsicht der Deutschen Bank rivalisierende – nennen wir ausnahmsweise einmal das unschöne Wort – Monopole geworden.

Zwischen beiden Großfirmen, die ihren Kooperationsvertrag 1894 gelöst hatten, gab es seit 1897 wieder eine Reihe von Abkommen. »Diese Periode der Bündnisse ist charakteristisch für unsere Zeit und hierauf beruht nicht unerheblich unsere Prosperität«, äußerte der Leiter des Hauses, Wilhelm von Siemens. Neben zahlreichen Preisabkommen waren Siemens und AEG einander verpflichtet durch Kartellverbände, mit denen sie die gesunkenen Preise für Glühbirnen endlich wieder erhöhen konnten und ihre Marktanteile festlegten. Andere Zusammenschlüsse wurden wie gewöhnlich von staatlichen Stellen (Kriegsministerium) gefördert.

Welche Vorteile brachten diese Verschmelzungen? Die beiden Konzerne konnten zu einer strafferen Lenkung und Rationalisierung übergehen – also ihre Arbeitskräfte optimaler nutzen. Sie konnten gleichmäßiger und risikoloser produzieren. Dumping und Schleuderkonkurrenz wurden vermieden, beträchtliche Summen für Forschung und Werbung gespart – insgesamt konnten gesunde Gewinne gesichert werden. Und international waren beide Partner so stark geworden, daß man darangehen konnte, die elektrische Welt unter sich aufzuteilen. 1905 schloß Siemens ein Abkommen mit dem amerikanischen Westinghouse-Konzern, und 1907 regelten AEG und General Electric ihr Verhältnis. Sie wiesen einander die Märkte zu, ließen andere zum gemeinsamen Arbeiten offen, gründeten Tochtergesellschaften und vereinbarten Geheimklauseln, die Vorsorge trugen, daß im Kriegsfalle die Fronten nicht quer zum Geschäft liefen.

Im Deutschen Reich besaßen die beiden Siemens-Unternehmen faktisch das Liefermonopol für elektrische Schiffsausrüstungen und zahlreiche Rüstungsgüter. Die für diese kaiserlichen Aufträge eigens eingerichtete Siemenssche Marine-Abteilung brauchte bei der Preisgestaltung nicht allzu zurückhaltend zu sein, da nahezu unbegrenzte Mittel bereit standen. Vor Kriegsbeginn kam die Ausrüstung der neuen, vom Freund des Hauses, Konteradmiral Tirpitz durchgesetzten U-Boot-Flotte und der großen Schlachtschiffe hinzu. Dank der weiterhin ausgezeichneten Beziehungen zur Reichspost konnte Siemens auch den Liefervertrag auf sämtliche Telefonzentralen und -ausrüstungen an Land ziehen. Über die Mannesmann AG war Siemens maßgeblich an der Produktion nahtloser Gewehrläufe beteiligt. Des weiteren hatten die Firma durch die von ihr gegründete Berliner Hochbahngesellschaft nicht nur dem Verkehrsleben zu neuen Impulsen, sondern auch durch die geheimnisvolle Linienführungspolitik den Berliner Grundstücksmaklern zu außerordentlich guten Zeiten verholfen. Andere Projekte wie die Auto- und Luftschiffproduktion brachten zwar keine derartigen Erfolge, sie zeigen aber nachträglich die Potenz einer Firma, die ihre kommerziellen und technischen Interessen außergewöhnlich taktvoll auf die des Staates und seiner führenden Männer abzustimmen wußte.

Streiks und neuer Siemens-Geist

Die gute Entwicklung mußte sich auch in der Bilanz niederschlagen. Die Gewinne nahmen schneller zu als die Umsätze. Während des steilen Aufstiegs konnten die Löhne sogar vorübergehend gesenkt werden; Hilfsarbeiter und Arbeiterinnen erhielten 1904 drei Pfennige weniger in der Stunde als fünf Jahre vorher (37 Pfg. für den Hilfsarbeiter, 32 Pfg. für die Arbeiterin – immerhin ein Gegenwert von fast 5 Eiern). Die Finanzierung der Fusion mit Schuckert verlangte Opfer von allen. Die Arbeiterdurchschnittsverdienste waren um ca. 350 Mark im Jahr, d. h. rund 30 % gegenüber 1890 gesunken; erst 1912 war der alte Stand wieder erreicht. Ebenso fielen die Angestelltendurchschnittsverdienste von 1897 bis 1907 um rund 25 %.

Mehr und mehr Werke zogen nach Spandau um – in einen Stadtteil, der bald Siemensstadt heißen und zur Wirkungs- und Wohnstätte zahlloser Berliner Arbeiter werden sollte. Das gigantische Wachstum (1890: 2900 Mitarbeiter, 1900: 16000, 1905: 35000; 1910: 49000, 1913: 82000) hatte freilich auch innerbetriebliche Konsequenzen. In den Werkstätten wurden Stechuhren und Strafen für Zuspätkommen eingeführt und zahlreiche andere Verhaltensweisen reglementiert, z. B.: »Während der Arbeitszeit ist es verboten, Flaschen, Gläser etc. auf den Tischen oder sonstwo offen herumstehen zu lassen, dieselben von Hand zu Hand zu geben, sich gegenseitig zuzutrinken oder überhaupt in auffälliger Weise die Flasche zu gebrauchen. Zuwiderhandelnde müssen sofortige Entlassung gewärtigen.« Die Firma lehnte es kategorisch ab, mit den Gewerkschaften zu verhandeln: Die Arbeiter sollten sich mit ihren Wünschen einzeln an ihre Vorgesetzten wenden. Wie uneinsichtig sich die Arbeiter noch gegenüber dem schon damals weithin beneideten fortschrittlichen Siemens-Geist verhielten, zeigt ein Spruch, der nach der Jahrhundertwende durch die Berliner Hinterhöfe und Arbeiterkneipen ging: »Wer nie bei Siemens-Schuckert war / bei AEG und Borsig / der weiß nicht, was ne Quetsche is, / der hat das Glück noch vor sich.«

Trotz der intensiven Bemühungen der Firmenleitung zu Ordnung, Betriebsfrieden und einer für alle vorteilhaften Vergrößerung des Unternehmens kam es 1903 zu einer Gärung, zu Unzufriedenheit und sogar zum Streik. Die Arbeiter forderten höheren Lohn, Urlaub, Überstundenzuschlag und protestierten gegen, wie sie sagten, Willkürmaßnahmen und Grobheiten der Meister. Die Leitung reagierte schnell, indem sie Arbeiterausschüsse (Vorläufer des Betriebsrats) institutionalisierte, die »das Interesse der Arbeitnehmer und die Ehre und Wohlfahrt des Unternehmens überhaupt« zu fördern hatten und vorerst von den Arbeitern unmittelbar und geheim gewählt wurden – erst als die Sozialdemokraten 1906 die Mehrheit erhielten, mußte die Verhältniswahl eingeführt werden. Weil die Firma jedoch auf die meisten Forderungen der Ausschüsse, deren Mitglieder Wilhelm von Siemens als »geistig unselbständig« erkannt hatte, nicht eingehen konnte, verlor dies grundsätzlich positive Instrument mehr und mehr seine ordnende und beschwichtigende Funktion.

Im Herbst 1904 brachen neue Streiks aus. Wieder mußte man auf die einschlägigen Mittel zurückgreifen. Man verpflichtete sich im Verband Berliner Metallindustrieller, schwarze Listen zu führen, streikende oder ausgesperrte Arbeiter anderer Firmen nicht einzustellen und jedes bestreikte Unternehmen bei der Erfüllung seiner Verträge zu unterstützen. Diese Taktik und diese Drohung hatten Erfolg.

Doch ein Jahr später sah sich die Firma erneut erpreßt: 170 Schraubendreher, auf die das ganze Werk angewiesen war, hatten, um ihre Lohnforderungen durchzusetzen, fast die gesamte Produktion stillgelegt. Gleichzeitig streikten die Lagerarbeiter bei AEG. Die Antwort der beiden Konzerne war die Aussperrung ihrer Arbeiter, auf die eine Massenaussperrung in der gesamten Branche folgte. 40 000 Arbeitsplätze waren verwaist, während Eisenbahner, Feuerwehrleute und Soldaten zum Einsatz in den Betrieben bereitstanden. In dieser zugespitzten Situation brachen die Gewerkschaftsführer den Streik ab. Die Arbeitgeber bewilligten den Arbeitern nicht mehr, als sie vor dem Streik angeboten hatten, und konnten auch die Forderung nach einem Tarifvertrag abschmettern.

Es war höchste Zeit, das Unkraut unternehmensfeindlicher Aktivitäten schon im Keim zu jäten. So gründete man 1906 eine betriebseigene »gelbe« Gewerkschaft, den Werkverein der Siemenswerke, dem sich 1908 57 % und 1914 80 % aller Siemensarbeiter angeschlossen hatten. Dieser schöne Erfolg war nicht nur das Ergebnis nachhaltiger Werbung – jeder neu Eintretende erhielt gleich einen Aufnahmeschein vorgelegt –, sondern auch niedrigster Mitgliedsbeiträge und minimaler Verwaltungskosten – die Beiträge wurden gleich vom Lohnbüro einbehalten, was der Firma den Überblick über die Mitglieschaft ihrer Mitarbeiter erleichterte. Außerdem halfen gewisse materielle Verbesserungen, die als Erfolge des Werkvereins gebucht wurden.

Nicht nur diese sozialen Verdienste, auch die systematische Entwicklung des Hauses zum Großunternehmen sind im wesentlichen dem unternehmerischen Talent der beiden ältesten Söhne von Werner Siemens, Arnold und Wilhelm, zu danken. Nach der Devise Arnolds, »Getrennt marschieren, vereint schlagen!«, nahm er als der ältere vor allem die repräsentativen Aufgaben wahr. Er vertrat die Firma in mehreren Aufsichtsräten und im Zentralausschuß der Deutschen Reichsbank. Er pflegte die Beziehungen zu den Spitzen des Reiches, zur kaiserlichen Familie, zur Familie Bismarck, zu den Reichskanzlern Bülow und Bethmann-Hollweg, zum Handelsminister Delbrück und besonders zum Chef des Reichsmarineamtes, Tirpitz. Die führenden Häupter aus Adel, Wirtschaft und Regierung nahmen am Siemens'schen Familienleben, an Reisen, Festen und Jagden regen Anteil. Sie ließen sich gern von den in Arnolds Villa gegebenen Laienspielen beglücken, sei es mit Darstellungen aus der ruhmreichen deutschen Geschichte oder mit – erst später wahr gewordenen – Spielen von der Eroberung der Welt durch den Namen Siemens.

Arnold von Siemens hat sich nicht zuletzt als Förderer sozialer Einrichtungen einen Namen gemacht. Wie tief er dem sozialen Gedanken verhaftet war, zeigen die Notizen seiner Tochter Gerda über den Streik von 1905: »Auch hier im eigenen Heimatland hat unser armer Papa sehr viele Unruhe unter seinen Arbeitern erlebt. Die Unruhestifter haben sich gerade ausgedacht, dort Aufruhr zu üben, wo es ihnen eigentlich am besten geht; denn sie meinen, wenn sie den Gipfel eines Berges in die Höhe treiben, so müsse der ganze Berg mit wachsen. Draußen im schönen neuen Wernerwerk, wo sie lauter Licht und Luft und schöne Häuser bekommen haben, wollen sie die Arbeit einstellen. Unser Papa ist viele Wochen sehr traurig darüber; aber endlich gibt es doch einen Frieden; sie heißen die ›Gelben‹ – im Gegensatz zu den ›Roten‹ –, und mit ihnen geht alsbald alles wieder im alten Geleise – sie wollen nicht Weib und Kinder hungern lassen, um lauter Tagediebe mit ihren Ersparnissen zu beköstigen, mit denen sie gar nicht eines Sinnes sind.«

Dem zwei Jahre jüngeren Wilhelm von Siemens, der ebenso wie sein Bruder 1,2 Millionen Goldmark Einkommen jährlich zum Nießbrauch erhielt, waren Leitung und Organisation des immer größeren Siemens-Komplexes anvertraut. Aber auch er blieb nicht betriebsblind. Er machte sich über die Menschheitsentwicklung ebenso Gedanken wie über die Zukunft des Arbeiters und über die Zukunft des Deutschen Reiches: »Das lebensfähige Starke darf nicht geopfert werden dem Unlebensfähigen und Unnützen ... Die arische Kultur verdrängt die schwarze und hat sich der gelben gegenüber zur Geltung zu bringen. Germanische Entwicklung drängt die romanische zurück. Deutschland hat mehr Anrecht an Land und Absatzgebieten als Frankreich und Spanien, weil die Bevölkerung zunimmt und die Energie größer ist.« Diese Überlegungen vertraute er nicht nur seinem Tagebuch an, sondern versuchte auch, sie tatkräftig zu vertreten als Mitglied des Deutschen Flottenvereins, des Deutschen Ostmarkenvereins, der Nationalliberalen Partei und schließlich der Vaterlandspartei, die noch am Ende des Weltkrieges Annexionen und Siegfrieden durchzusetzen hoffte.

1. Weltkrieg: Sieg der Wirtschaft

Wir haben gesehen, wie sich das Haus Siemens in wenigen Jahren von einem Familienunternehmen zu einem der bedeutenden Machtzentren des erstarkten Deutschen Reiches emanzipierte. Dank der Führungskunst der Banken konnte das risikobeladene, freie Spiel der Marktkräfte mehr und mehr abgebaut werden durch wohlorganisierte Absprachen einerseits zwischen den Elektrounternehmen, andererseits zwischen diesen Firmen und den staatlichen Behörden. Mit dieser Konzentration verschmolzen die Interessen der Elektroindustrie naturgemäß immer mehr mit denen des Staates. Als besonders export- und weltmarktorientierte Industrie konnte sie die staatlichen Großraumgedanken bruchlos ergänzen und stützen.

Die Wellen der Erleichterung, ja sogar der Begeisterung über den Ausbruch des Krieges 1914 machten selbstverständlich nicht vor den Siemensschen Werktoren halt. Diese Begeisterung war ja nicht allein im Selbstvertrauen des Wilhelminischen Deutschland begründet. Die Siemenssche Unternehmenspolitik, die nach neuen Ufern strebte und zudem die Mittel zum Erreichen dieser Ufer entwickelte, korrespondierte aufs glücklichste mit der Regierungspolitik. Und auch das »Siemens-Bewußtsein«, das Gefühl der großen Schicksalsgemeinschaft, das den Firmenchef mit dem kleinsten Angestellten, die Werksleiter mit den Hilfsarbeiterinnen verband, war im kleinen das, was sich Kaiser Wilhelm II. für das ganze Reich wünschte: »Ich kenne keine Parteien mehr, ich kenne nur noch Deutsche.«

Noch im Frühjahr 1914 hatte eine Wirtschaftskrise das Deutsche Reich bedroht. Erst der Krieg machte ihr mit einem Schlag das Ende. Für die Großbetriebe der Elektroindustrie und des Maschinenbaus brachen glänzende Zeiten an. Ein Auszug aus der stattlichen Liste der Siemens-Produkte jener Zeit sollte in unserer Chronik nicht fehlen: elektrische Ausrüstungen für Kreuzer, Schlachtschiffe und U-Boote, U-Boot- und Flugzeugmotoren, Feldkabel und Feldtelephone, Schnelltelegraphen, Wurf- und Seeminen, Großscheinwerfer, Granaten aller Kaliber, Zündpulver, ja sogar Ladegurte und Patronentaschen, Kochgeschirre und Zeltpflöcke. Dazu kamen bedeutsame Neuentwicklungen wie Abhörgeräte, Telephonverstärker, Erdtelegraphen, Maschinengewehre für Kampfflugzeuge, die ersten elektrisch geladenen Stacheldrahtverhauhe und die größten und schwersten Bombenflugzeuge jener Zeit.

Für die Dimensionen dieser Geschäfte nur ein Beispiel: Hatten die Siemens-Werke bis 1914 U-Boot-Aufträge für 7,5 Mio RM erhalten, so lieferten sie in den ersten drei Kriegsjahren für 63,5 Mio RM. Überdies verlangte der Kriegsboom, der die gesamte deutsche Wirtschaft auf Hochtouren laufen ließ, immer mehr die traditionellen Siemens-Produkte: Elektromotoren, Transformatoren, Installationsmaterial usw.

Diese Lieferungen konnten jedoch nur deshalb zum bislang größten Geschäft der Siemens-Firmen werden, weil einige Freunde des Hauses gleichzeitig an der Festlegung der Kriegsziele mitwirkten und damit eine kontinuierliche Produktion sicherstellten. Unter Führung von Karl Helfferich, dem Direktor der siemensnahen Deutschen Bank und Finanzberater der Regierung, hatte eine Gruppe von Bankiers und Unternehmern – besonders aus der Elektro- und Chemieindustrie – ihre Wünsche für ein Kriegszielprogramm vorgetragen, das der mit der Familie Siemens befreundete Reichskanzler Bethmann-Hollweg offiziell übernahm. Um die von allen gewünschte Hegemonie der deutschen Großindustrie über Europa zu sichern, wollte man – im Gegensatz zu der von der Schwerindustrie geforderten Annexion großer Teile Europas – sich mit territorialen Forderungen bescheiden, dafür aber das militärische Übergewicht nutzen, um die ökonomische Vormachtstellung Deutschlands im kontinentaleuropäischen Raum zu verankern.

Das Rohstoffproblem wurde im Krieg besonders akut. Die Beschaffung und Verteilung der Rohstoffe wurde deshalb unter Leitung der Großindustrie geregelt, so vom Kriegsausschuß der deutschen Industrie, dem u. a. Wilhelm von Siemens, Hugenberg, Krupp und Stresemann angehörten. Und in der Kriegsmetall AG wurden unter der Führung von AEG und Siemens alle zur Verfügung stehenden Nichteisenmetalle an die Unternehmen verteilt. Eine weitere Gelegenheit zu Ertrags-Triumphen schufen die Demontagen in den eroberten Gebieten, an denen auch Siemens führend teilhatte. Die vor dem Krieg an ausländische Firmen gelieferten Maschinen, Motoren, Ausrüstungen usw. konnten, sofern sie noch brauchbar waren, ins Reich zurückgebracht, überholt und erneut verkauft werden.

Wie andere Konzerne belieferte auch Siemens über das neutrale Ausland die sogenannten Feindstaaten. Nicht nur Sprengstoffe und Kruppsche Granaten, auch wertvolle Siemenssche Dynamobleche und Elektrokohle – hiervon z. B. wurden allein von Juli bis September 1916 400 Tonnen an dänische und norwegische Firmen zum Weiterverkauf an die englische Kriegsflotte geliefert – mögen im Endeffekt für die tapferen deutschen Feldgrauen hie und da tragische Folgen gehabt haben. Aber eine freie Wirtschaft kann, wenn sie frei bleiben will, auch im Krieg nicht nur einem Herren dienen – und diese Freiheit fordert nun einmal ihren Preis.

Wer ausschließlich von den 8 Millionen toten Soldaten, den 20 Millionen Verwundeten und 5 Millionen Vermißten des 1. Weltkrieges spricht, der verschweigt bewußt, daß der Krieg durch seine besonderen Anforderungen allem technischen Schaffen einen starken Auftrieb gab. Folgerichtig beeinflußte er auch die Entwicklung und den stolzen Aufstieg unseres Hauses. So wurden für die Daheimgebliebenen und Hinterbliebenen neue Arbeitsplätze geschaffen, wurde der Stadtteil Siemensstadt großzügig erweitert. Die Direktion konnte 1917 befriedigt feststellen: »Die Schwankungen in der Produktion sind beseitigt«. Das Kapital wurde erneut erhöht und sowohl Gewinne wie Dividenden taten ein übriges, die Firmenleitung und die Aktionäre über so manchen unerfreulichen Frontbericht hinwegzutrösten.

Daß dieser bis ins Letzte gehende Einsatz von Kapital, Material und Menschen nicht zum erhofften Sieg führte, dürfte viele Gründe gehabt haben. Unter anderm war es wohl die durch die Kriegsanleihen stimulierte inflationäre Entwicklung. So verdoppelten sich im Laufe des Krieges die Löhne in der Elektroindustrie. Doch diese enorme Erhöhung wurde durch die Steigerung der Lebenshaltungskosten um 300 % und der Nahrungsmittelkosten um 150 % mehr als wieder wettgemacht, sodaß auch die Arbeiterschaft ihr Scherflein zu diesem Krieg beitrug. Dennoch waren Streiks, also Lähmungen der für die Landesverteidigung so wichtigen Produktion, die Folge – wobei mit Genugtuung zu vermerken ist, daß sich nur wenige Siemens-Arbeiter zur Teilnahme an den Anti-Krieg-Streiks von 1917 und 1918 hinreißen ließen.

Die Rettung des Unternehmertums

Einflußreiche Industrielle wie Walther Rathenau hatten bereits 1917 das Dilemma dieses Krieges erkannt und Überlegungen über eine neue Zukunft des Reiches angestellt: Deutschland sollte durch staatliche Stärkung der Großkonzerne seine Wirtschaftsmacht weiter ausbauen, gleichzeitig jedoch die Arbeiter und Gewerkschaften mittels höherer Löhne und gewisser Demokratie langfristig integrieren und befrieden. Mit diesem Programm begann sich im Jahr der Niederlage auch Carl Friedrich von Siemens zu befreunden – der jüngste Sohn des Gründers, der nach dem Tod seiner Brüder Arnold (1918) und Wilhelm (1919) die Führung des Hauses übernahm. Er hatte erkannt, daß das Unternehmertum, wollte es nicht wie so viele Errungenschaften des 19. Jahrhunderts auf dem großen Trümmerfeld des Weltkrieges enden, nur durch ein Arrangement mit den Gewerkschaften zu sichern war.

So sehen wir ihn im Spätherbst 1918 neben Hugo Stinnes unter maßgeblichen Industriellen und verhandlungswilligen Gewerkschaftsfunktionären, die in einer Arbeitsgemeinschaft das Programm für die 20er Jahre aufstellen: Anerkennung der Gewerkschaften, Auflösung der »gelben« Firmengewerkschaften, Abschluß von Tarifverträgen, gemeinsame Ausschüsse sowie, unter Vorbehalten, 8-Stunden-Tag. Während auf den Straßen des Reichs die Novemberrevolution tobt, die die überkommenen Eigentumsverhältnisse abschaffen will, verhüten Carl Friedrich von Siemens und seine Freunde das Schlimmste. Indem sie den loyalen Gewerkschaftern Zugeständnisse machen, stärken sie diese, treiben den Keil weiter in die Arbeiterschaft – und kämpfen von nun an nicht mehr allein für die Erhaltung der freien Unternehmerwirtschaft und des sozialen Friedens.

Aber nicht nur auf dieser Ebene war Siemens aktiv. Zusammen mit Stinnes, Borsig und anderen prominenten Unternehmerpersönlichkeiten bildete er im Januar 1919 einen Fonds in Höhe von 500 Millionen Mark. Mit dieser für die damalige Zeit astronomischen, aber aus den Überschüssen der Kriegszeit unschwer aufzubringenden Summe wurde nun jenen Arbeitern die Stirn geboten, die den Krieg überlebt hatten und jetzt soviel Unruhe in die Wirtschaft brachten. Unterstützt wurden Organisationen wie das Generalsekretariat zum Studium und zur Bekämpfung des Bolschewismus, die Vereinigung zur Bekämpfung des Bolschewismus, die Antibolschewistische Liga sowie nationalgesinnte Freikorps gegen links von ihrer Gewerkschaft stehende Arbeiter. Eine weitere Maßnahme, die rebellische Arbeiterschaft wieder in den Griff zu bekommen, war die Vereinigung der Industriellen-Verbände zum Reichsverband der Deutschen Industrie, dessen Präsidium auch Carl F. von Siemens angehörte.

Über den ersten Jahren nach dem Krieg lagen die finsteren Schatten der Verluste, der Reparationen und die Inflation. Siemens hatte nicht nur seine ausländischen Zweigniederlassungen, sondern auch die wichtigen Fertigungsstätten in Rußland und England verloren. Nachdem der russische Siemens-Zweig noch drei Jahre durch den Krieg gegen Deutschland prosperiert hatte, wurde er 1917 von den Bolschewiken gnadenlos enteignet.

Die Expansion der zwanziger Jahre

Der Friedensvertrag hatte einen fast vollständigen Abbau der Rüstungsproduktion verlangt – lediglich die so erfolgreiche Sparte der Kriegsschiffelektronik wurde, unter alliierter Aufsicht und unter einem anderen Firmennamen, weitergeführt. So galt es, für die entfallende Kriegsproduktion Ersatz zu suchen, die Betriebe wieder zu wettbewerbsfestem Arbeiten zu erziehen, zahlreiche organisatorische Änderungen vorzunehmen sowie die Auslandsbeziehungen neu aufzubauen.

Einen großen, wenn auch problematischen Schritt nach vorn stellte die Zusammenarbeit mit Hugo Stinnes dar, dessen Mischkonzern schon 1920 ein Viertel der gesamten Produktion des Ruhrreviers kontrollierte. Dieser erstaunliche Mann hatte, wie einige Herren aus dem Haus Siemens, den an sich richtigen Gedanken, daß man bei einem organisatorischen Zusammenschluß zu einer Gemeinschaftsarbeit kommen könne, bei der einer die Bedürfnisse des anderen besser kennenlerne, und im planmäßigen Erfahrungsaustausch beide Teile ihren Vorteil fänden. So gründete man im Dezember 1920 die Siemens-Rheinelbe-Schuckert-Union. Das Siemenssche Kapital wurde verdoppelt, die Gewinne sollten geteilt werden.

Doch Carl F. von Siemens sollte dieser Gemeinschaft nicht recht glücklich werden. Die Reaktion der Öffentlichkeit, die das traditionsreiche Unternehmen an den Stinnes-Trust verkauft wähnte und die zu teilenden Gewinne, die bei Siemens wesentlich höher waren als bei Stinnes, ließen bei allen Einsichtigen gewichtige Zweifel über den Sinn dieser »Union« aufkommen. Zum Glück, muß man sagen, starb Stinnes im Frühjahr 1924. Siemens einigte sich schnell mit Stinnes' Nachfolger Vögler über die Auflösung des Vertrags. Für weitere Zusammenarbeit gründeten sie noch die Stahl-Elektro-Union und tauschten Aufsichtsratsitze aus. Doch damit war eine bedenkliche Episode der Siemens-Geschichte abgeschlossen.

Ein wesentlicher Beitrag zum Aufstieg des Hauses nach dem 1. Weltkrieg ist der Post zu danken. Seit langem spannen sich zahlreiche persönliche Fäden zwischen der Reichspost und Siemens und aus ihnen entwickelte sich eine Zusammenarbeit, die in manchem an das frühere Verhältnis zur Marine erinnerte. Das deutsche Fernsprechkabelnetz wurde zügig ausgebaut, die handbedienten Fernsprechvermittlungen wurden auf Selbstwählbetrieb umgestellt – immer war Siemens vorn! Schon 1928 hatte das Haus ein Viertel aller öffentlichen Vermittlungseinrichtungen der Welt geliefert.

Kurz nach dem Krieg, 1919, legten Siemens und AEG ihre Glühlampenproduktion zusammen in der noch heute wohl renommierten Firma Osram. Gleichzeitig bereiteten die beiden Firmen ein internationales Glühlampenkartell vor, das 1924 in Genf gegründet werden konnte und nicht nur die Preise und den Absatz regelte, sondern auch durch eine beispielhafte Werbung für die Anwendung elektrischen Lichts von sich reden machte. Ab 1920 stellte sich das Haus mit den von der Siemens-Elektrowärme GmbH produzierten Bügeleisen, Elektrotöpfen, Elektroherden usw. in den Dienst der Hausfrau. Ab 1921 mit den Spezialisten der Siemens-Bauunion in den Dienst industrieller und öffentlicher Bauherrn. Siemens trieb weiterhin die so segensreiche Elektromedizin derart voran, daß man 1925 das wichtigste Konkurrenzunternehmen aufkaufen und sich mit ihm zur Siemens-Reiniger-Gesellschaft vereinigen konnte. Mit dem vielversprechenden Geschäftszweig Rundfunk machte man den Namen und die Fabrikmarke der Firma breiten Kreisen bekannt, mit der (zusammen mit der AEG 1928 gegründeten) Klangfilm GmbH nutzte man die erstaunliche Suggestivkraft des Tonfilms auf die Massen.

Mehrheitlich war die Firma an den Vereinigten Eisenbahnsignalwerken AG beteiligt, die u. a. bei der Reichsbahn, deren Präsident der Carl F. von Siemens war, das Liefermonopol hatten. Bei Signalanlagen für den Straßenverkehr konnte sich Siemens schnell eine führende Stellung in aller Welt erobern. Um die Auftragschancen im Ausland zu erhöhen, wurde das Netz der außerdeutschen Filialen und Fabrikationsstätten beharrlich weitergeknüpft. Bald rief die Siemens-Familie in der Schweiz, in Japan, in der Tschechoslowakei, Argentinien, Uruguay und Griechenland Tausende von Arbeitnehmern zu sich. Großaufträge wie das irische und das sowjetrussische Kraftwerk – das seinerzeit größte der Welt – setzten dem Namen Siemens neue Denkmäler überragender Ingenieurleistungen.

Doch ohne kräftige Finanzierungshilfen, vor allem aus den USA (48 Millionen Dollar und 35 Millionen RM), und ohne die nach USA-Vorbild durchgeführten Rationalisierungen wäre die Schale des Jahrfünfts von der Inflation bis zur Wirtschaftskrise nicht in der Weise bis zum Rand mit den Früchten technischen und wirtschaftlichen Fortschritts gefüllt gewesen. Mit Zeitstudien nach den Richtlinien des Reichsausschusses für Arbeitszeitermittlung (Refa) erhielt das Akkordsystem endlich eine vernünftige Basis: die menschliche Arbeitskraft konnte rationeller genutzt werden. Obwohl die Durchschnittsnettolöhne der Arbeiter das amtliche Existenzminimum nicht immer erreichten, stieg die Arbeitsleistung pro Arbeiter von 1923 bis 1928 um das Doppelte, so daß man von 1928 bis 1930 jährlich 14 % Dividende zahlen konnte. Bei diesen so interessanten und damals so neuen Aufgaben der Rationalisierung und Menschenführung taten sich bereits einzelne Direktoren hervor, die als Inspiratoren des neuen Geistes Ideen in die Fabriken trugen, die der dann aufkommende Nationalsozialismus mit Schlagworten wie Betriebsgemeinschaft, Gefolgschaftstreue, Arbeitsethos belegte.

Taktvolles Engagement für die nationale Bewegung

Mit der 1919 erfolgten Übernahme seines Amtes als Vater der einhunderteinunddreißigtausendköpfigen (1929) Betriebsfamilie hatte Carl F. von Siemens die Leitung des Hauses neu strukturiert und delegiert, nicht zuletzt deshalb, um sich außerhalb des Unternehmens in Politik und Gesellschaft vielseitig zu engagieren. Er wirkte nicht nur in den Industriellenverbänden, sondern ließ sich auch, als Mitglied der Demokraten, in den Reichstag wählen – allerdings mußte er sein Mandat aufgeben, als er 1924 Präsident des Verwaltungsrates der Deutschen Reichsbahn wurde. Im Arbeitsausschuß des Aufsichtsrats der Deutschen Bank war er maßgeblich an deren Finanzpolitik beteiligt. Im Senat der Kaiser-Wilhelm-Gesellschaft führte er Aufsicht über die wichtigsten nichtindustriellen Forschungen seiner Zeit. Doch auch während der Wirtschaftskrise und der Etablierung des Nationalsozialismus sollte ihm, dem Demokraten und führenden Exponenten der Elektroindustrie, eine wichtige historische Schlüsselstellung zuwachsen.

Der gewaltige Nachholbedarf nach Jahren der Zerstörung und Entbehrung hatte in der ganzen Welt einen Warenhunger, zunächst nach Konsum-, dann nach Investitionsgütern erzeugt, der, von Spekulanten ausgenutzt, zu einem krankhaften Boom wurde, der beim Ausbruch einer gewöhnlichen zyklischen Krise im Oktober 1929 die große Weltwirtschaftskrise herbeiführte. Die enge finanzielle Verflechtung des amerikanischen mit dem deutschen Kapital wirkte beschleunigend auf die Entwicklung der Krise in Deutschland. Ein neues Chaos tat sich auf. Die Verantwortlichen waren sich aber bald darüber im klaren, daß alle möglichen Gegenmaßnahmen nicht die Dominanz der Industrie gefährden durften.

So wurde zunächst die SPD als führende Regierungspartei durch das Brüning-Kabinett abgelöst, das die Industrie und Großagrarier entschiedener förderte und deren Einfluß auf die politischen Geschicke verstärkte. Dann setzte Carl F. von Siemens, der das Dilettantentum im Geschäft haßte, als Präsident der Reichsbahn zuerst das Programm des Lohnabbaus durch, das schließlich von fast allen Industriebranchen übernommen wurde. Die Löhne fielen durch diese Notverordnung insgesamt um mehr als 10% (die Lebenshaltungskosten um 4,5%), so daß die Unternehmer allein im Jahr 1931 durch Lohn- und Gehaltskürzungen 4 Mrd RM einsparen konnten, was erheblich zu ihrer Konsolidierung beitrug.

Während die von Siemens angeregten Notverordnungen die Ängste der breiten Massen vergrößerten und diese für das Ideengut der NSDAP empfänglicher machten, während die Zahl der Arbeitslosen auf 5 Millionen (1931) stieg – allein bei Siemens ging die Belegschaft bis 1932 um 55 % zurück, der Umsatzrückgang hingegen konnte bei 39 % gehalten werden –, während Hitler bei der durch die reinigende Depression wiedererstarkten Industrie finanzkräftige Verbündete suchte und fand, konnte sich Siemens noch nicht zu einer definitiven politischen Entscheidung durchringen. Er hatte die Wahl zwischen Brünings Diktatur der Notverordnungen (die der »Stegerwald-Kreis« bevorzugte, dem mindestens ein namhafter Siemens-Manager angehörte) und zwischen Hitlers nationalsozialistischer Diktatur – dem »Freundeskreis der NSDAP« und späteren Keppler-Kreis gehörte der führende Siemens-Mann Rudolf Bingel an; außerdem der mit Carl F. eng befreundete Albert Vögler.

Erst im Oktober 1931 und weit weg von der deutschen Öffentlichkeit, in New York, vor amerikanischen Industriellen, gab Carl F. von Siemens seine Ansicht »vertraulich und rückhaltlos« bekannt. Er sprach sich gegen den relativ gewerkschaftsfreundlichen Kurs Brünings aus, gegen Tarifrecht und Sozialpolitik. Er erkannte die Bekämpfung des Sozialismus als das Hauptziel der NSDAP und gab zu erkennen, was ihn, den liberalen Unternehmer, mit Hitler verband: »Hitler hat seine wirklichen Anhänger zu starker Disziplin erzogen, um revolutionäre Bewegungen des Kommunismus zu verhindern.« Siemens lobte die NSDAP als ein ideelles Bollwerk gegen die materialistischen Bestrebungen und setzte Vertrauen in Hitlers Legalitätspolitik, der er die kommunistische Revolutionsdrohung entgegenstellte, obwohl er als Realpolitiker von der Zerstrittenheit der Arbeiterbewegung wußte.

Der nächste Schritt war die Ablösung Brünings und die Bildung der Regierung Papen, die das – mit Siemens, Bosch und Krupp abgesprochene – Wirtschaftsprogramm vom Sozialklimbim befreite, die Großunternehmen mit beträchtlichen Steuermitteln ermunterte und die Hitler-Bewegung auf die Regierungsverantwortung vorbereitete, was durch deren von der Schwerindustrie finanziell geförderten Wahlsieg (Juli 32) erleichtert wurde. Nach dem Stimmenrückgang der NSDAP bei den Wahlen vom November 1932 schrieben die führenden Unternehmer einen Brief an den Reichspräsidenten Hindenburg. Sie begrüßten, »durchdrungen von heißer Liebe zum deutschen Volk und Vaterland«, die nationale Bewegung und empfahlen, das Parlament aufzulösen und die Leitung der Regierung »an den Führer der größten nationalen Gruppe« zu übertragen. Zu den prominenten Unterzeichnern gehörte, als einer der wenigen Vertreter der liberaleren Elektro- und Chemieindustrie, auch Siemens. Die Weichen für die Machtergreifung waren gestellt.

Wir sahen, wie Carl F. von Siemens bei seinem Kampf um das gute Wirtschaften nichts anderes übrig blieb, als zum Fürsprecher der nationalsozialistischen Bewegung zu werden. Wie fast alle Großunternehmer handelte auch er nur konsequent, indem er seine Freiheit, die er gefährdet glauben mußte, in die Obhut der nationalsozialistischen Bewegung gab. Dieses Bündnis betrieb Siemens jedoch nicht so eindeutig wie manche seiner Freunde, sondern mit der ihm eigenen Bescheidenheit. Während jene die Machtergreifung mit den gewöhnlichen politischen und finanziellen Mitteln vorbereiten halfen, konnte sich Siemens taktvoller, im Windschatten der Kanzlermacher Hitlers engagieren. Als einstiger Demokrat mag er gewußt haben, daß auch dies bescheidene Engagement die demokratischen Kräfte schwächte. Ohne sich allzu sehr mit den ungehobelten Hitler-Anhängern einzulassen, hatte er das Wohlwollen der neuen Kräfte erkauft. Nicht zu Unrecht rühmt ihn sein Biograph G. Siemens als ein Genie an Fleiß, Sachlichkeit und gesundem Menschenverstand, dem es gelang, »die widerstrebenden Interessen und menschlichen Gegensätze auszugleichen und zu gemeinsamem Werke zu verbinden«.

Große Aufrüstung und innerer Widerstand

Im Februar 1933, neun Tage nach seiner Amtsübernahme löste Hitler das seinem industriellen Förderkreis gegebene Versprechen ein, der militärischen Aufrüstung den absoluten Vorrang bei allen wirtschaftlichen Maßnahmen zu geben. Dazu mußten Staatsmacht und Kapitalmacht noch enger verschmolzen werden. So berief Hitler 17 führende Industrie- und Parteivertreter in einen »Generalrat der deutschen Wirtschaft«, in dem neben Siemens auch Krupp, Thyssen, Vögler und Bosch saßen. Diese Unternehmer waren es auch, die sich an der Gründung einer Rüstungs-Finanzierungsgesellschaft beteiligten, an der Metallurgischen Forschungsgesellschaft mbH, die für die Rüstungsaufträge Wechsel der Wehrmacht akzeptierte, die dann von der Reichsbank übernommen und eingelöst wurden – die damit ausgelöste schleichende Inflation wurde bescheidener Ersatz für so manches Opfer unternehmerischer Freiheit, das in den folgenden 12 Jahren zu bringen war. Zur direkten Unterstützung der Parteiaufgaben richtete man die »Adolf-Hitler-Spende der deutschen Wirtschaft« ein, an die auch das Haus Siemens jährlich etliche Millionen abführte.

Gleichzeitig bemühten sich führende Siemens-Männer im Ausland um ein gutes Image ihrer neuen Regierung. Schon 1933 wurde ein Wirtschaftsführerkreis gegründet (Siemens-Vertreter: von Winterfeld), der in enger Zusammenarbeit mit dem Propagandaministerium den durch manch unschönes Ereignis gefährdeten deutschen Ruf zu bessern bemüht war und dessen Mitglieder im Ausland vorwiegend die kulturellen und ökonomischen Leistungen der Regierung zu loben wußten. Damit wurde sowohl der Industrie, die ihre durch die Machtübernahme gestörten Exportchancen verbessern mußte, als auch dem Propagandaministerium geholfen, das die Verbindungen, welche die Industrie im Ausland hatte, für seine Zwecke nutzen und darauf bauen konnte, daß die Industriellen kaum als bezahlte Propagandisten abzustempeln waren.

Im Zuge des allgemeinen Abbaus demokratischer Grundrechte wurden die Gewerkschaften durch die Deutsche Arbeitsfront ersetzt. Diese Entwicklung konnte dem Haus nicht ganz ungelegen kommen – doch gab es auch mit der neuen Organisation Reibereien, die dadurch entstanden, daß die Arbeitsfront bei Siemens sozialpolitische Ziele des Nationalsozialismus durchsetzen wollte, die in der Praxis schon lange durchgesetzt waren. So konnte der Personalchef selbstbewußt den Funktionären der Arbeitsfront entgegentreten und melden: »Hier gibt es nichs auszurichten, hier können Sie höchstens noch lernen.«

Das Geheimnis des gigantischen Aufbaus jener Jahre lag ohne Zweifel in der Rüstung. Zwar war das Haus schon in den 20er Jahren auf diesem seinem traditionellen Sektor nicht untätig gewesen, aber erst ab 1933/34 sollte er Dimensionen annehmen, die die großen Rüstungsjahre des 1. Weltkrieges weit in den Schatten stellten. 1933 wurde die Siemens Apparate und Maschinen GmbH gegründet und zur zentralen Verhandlungsstelle für die Geschäfte mit der Wehrmacht bestimmt. Diese Firma übernahm die wichtigsten militärischen Neuentwicklungen: Für die Marine die mit dem damals vollkommensten Know-how gefertigten Feuerleitanlagen, ferngelenkte Zielschiffe und Regelapparaturen zum Dämpfen des Schlingerns bei Zerstörern. Für die Luftwaffe Ortungs- und Richtgeräte, selbsttätige Flugzeugsteuerungen und Lade- und Feuersysteme für Bomber. Für das Heer insbesondere Nachrichtengerät, Großscheinwerfer sowie fast alle anderen Erzeugnisse des Hauses, vom Starkstromkabel bis zur Schmalfilmkamera und zum Fernschreiber.

Doch mit Waffen allein hätte Hitler seine Bestrebungen, besonders die nach mehr Lebensraum, nicht durchsetzen können. Deshalb wurde gleichzeitig – von so bedeutenden Männern der Wirtschaft wie Abs, Blessing, Bingel, Flick u. a. befürwortet – das Programm der »Tiefenrüstung« durchgeführt. Das bedeutete: Ausbau des Verkehrsnetzes, der Produktionskapazitäten und Aufbau zahlreicher Fabriken zur synthetischen Herstellung wichtiger Rohstoffe und Chemikalien. Auch hier bot sich für Siemens ein reiches Arbeitsfeld. Man baute ausgedehnte Schalt-

und Regelanlagen sowie elektrische Antriebsanlagen für die neuen Produnktionsstätten. Mit den stärksten E-Lok-Motoren, den größten Antriebsmaschinen für Panzerplattenwerke, den schwersten Schwimmkranen für Werften und Marine und mit den raffiniertesten Schaltanlagen für die Großspeicher, in denen Nahrungsmittelvorräte für den Fall des Falles lagerten, fanden die Siemens-Werke willkommene Aufgaben, die die ganze Leistungskraft der »Gefolgschaft«, erforderte.

Man kann aber schwerlich behaupten, daß Siemens sich ausschließlich militärischen Projekten gewidmet hätte. Immerhin stattete man auch die »Kraft-durch-Freude«-Vergnügungsdampfer mit der üppigsten elektrotechnischen Ausrüstung aus. Dort konnten sich Tausende von deutschen Arbeitern erholen, ehe sie von den, ohne Siemens-Leistung schwer vorstellbaren, Panzern aus die weiteren Länder Europas kennenlernten. In die Kriegspläne war Carl F. von Siemens spätestens seit November 1936 mehr oder weniger eingeweiht, als er mit führenden Industriellen die Kriegsspiele aller Waffengattungen inspizierte.

Obwohl Siemens und der nationalsozialistische Staat Hand in Hand arbeiteten und der Führer es sich nicht nehmen ließ, persönlich in den Siemens-Werken aufzutreten, war das Verhältnis nicht so herzlich, wie man zunächst vermuten könnte. Schon die komplette Überwachung aller wirtschaftlichen, gesellschaftlichen und persönlichen Lebensgebiete war dem Leiter des Hauses lästig genug – wobei tragischerweise die Siemensschen Fernschreiber zur Vervollkommnung des Totalitarismus erheblich beitrugen. Ebensowenig konnte der beschränkte Nationalismus Hitlers in einem Haus, dessen Erzeugung bis zu einem Drittel ins Ausland ging, Beifall finden, noch weniger der kurzsichtige Antisemitismus – man half also, solange das ging, leitenden Juden bei ihrer Ausreise! Was Carl F. von Siemens jedoch am meisten bedrückte, war das Gefühl, nicht mehr Herr im eigenen Hause zu sein. Der allmächtige Staat hatte die Wirtschaft völlig in seinen Bann geschlagen und ihr Schicksal untrennbar mit dem seinen verbunden. Siemens sah die Gefahr einer Entwicklung, die jeden Drang nach Wirtschaftlichkeit und damit jeden gesunden Unternehmergeist abtötet. Aber auch er konnte sein Innerstes nur in Briefen und vertraulichen Gesprächen offenbaren. Auch diesem großen Unternehmer ließ die Tragik der Geschichte nur den inneren Widerstand!

2. *Weltkrieg: Stolze Leistung in schwerer Zeit*

Obwohl der 1939 begonnene Krieg, wie wir gesehen haben, gut vorbereitet war, hatte man bei Siemens bis zur Grenze der Leistungsfähigkeit von Mensch und Maschine damit zu tun, die zahlreichen direkten und indirekten Anforderungen der Kriegsführung zu erfüllen. So gut wie alle Privataufträge mußten jetzt abgelehnt werden. Nicht ohne Stolz konnte Carl F. von Siemens 1940 den Aktionären berichten, »daß jedes Flugzeug eine kleine, aber komplizierte elektrische Anlage enthält. Aber nicht nur in der Wehrmacht selbst, sondern auch in den für sie arbeitenden Industrien hat sich der Verbrauch elektrischer Kraft um ein Vielfaches gehoben.« Darüberhinaus konnten die rentabelsten Elektrobetriebe der eroberten Länder dem Hause angegliedert werden.

Die Ertragslage nahm in den Kriegsjahren solche erfreulichen Ausmaße an, daß einer der weitsichtigsten Bankiers jener Zeit, Hermann J. Abs, 1941 dem Reichskabinett vorschlug, die Gewinne weniger auf Dividende und Rücklagen zu verteilen, sondern sie zum steuerbegünstigten Ausbau der Kapitalgrundlage zu benutzen. Die kleineren Siemens-Werke stockten ihr Kapital um 25 oder 50 % auf, die Siemens-Schuckert konnten es auf 240 Millionen RM verdoppeln und Siemens & Halske erhöhten ebenfalls aus Eigenmitteln ihr Kapital um das Dreifache auf sensationelle 400 Millionen.

Die mit dem Rußlandfeldzug einsetzenden schlimmen Wendungen des Krieges brauchte Carl Friedrich von Siemens nicht mehr zu erleben. 1940 hatte der jüngste Sohn des Firmengründers sich von der Leitung des Hauses zurückgezogen. Er starb, noch kurz zuvor mit dem Kriegsverdienstkreuz 1. Klasse geehrt, im Juli 1941. Nachfolger wurde sein Neffe Hermann von Siemens, der älteste Sohn Arnolds. Hermann konnte sich weiterhin auf die Männer stützen, die sich schon unter Carl Friedrich bewährt hatten und die Hitler, ihrer Bedeutung gemäß, mit dem Titel Wehrwirtschaftsführer ausgezeichnet hatte. Nach einer unvollständigen Liste führten 1941 mindestens neun Siemens-Vorstände diesen Titel. Diese Herren, die außerdem in zahlreichen staatlichen Ausschüssen und Beiräten tätig waren, waren auf den Führer und Reichskanzler vereidigt und hatten sich rückhaltlos für die nationalsozialistische Politik und Wirtschaftspolitik einzusetzen.

Zu den führenden Beratern durfte Hermann von Siemens nach wie vor den Vorstandsvorsitzenden Dr. R. Bingel zählen, der auch dem »Freundeskreis des Reichsführers SS« angehörte und diesem die Siemens-Spenden überwies. Nicht unerwähnt bleiben soll auch der Industrie- und Werbeberater Hans Domizlaff, der mit seinem Buch »Propagandamittel der Staatsidee« Goebbels wichtige Ideen geliefert hatte und seit Anfang der 30er Jahre für Siemens tätig war. Domizlaff zog sich allerdings schon Ende 1940 zurück, weil es in dem fast ausschließlich für Rüstung und Staat arbeitenden Haus nichts Schöpferisch-Werbemäßiges mehr zu tun gab.

Einer der Siemensschen Wehrwirtschaftsführer, Gustav Leifer, entwickelte im Frühjahr 1942 für die Industrie des ganzen Reiches eine neue Lohnordnung. Die Löhne waren 1934 etwas gestiegen, bis 1937 konstant geblieben und im Laufe des Krieges nur geringfügig erhöht worden. Während die Produktivität und die Arbeitszeit stiegen und die Arbeitsunfälle sich verdoppelten, sanken die Reallöhne unter das Niveau der Wirtschaftskrise, die Relativlöhne (der Arbeiter und Angestellten im Verhältnis zu den Selbständigen) um die Hälfte. Diese Entwicklung setzte Leifer mit seiner neuen Lohngestaltung fort. Sein Plan sah eine Neueinteilung der Lohngruppen, sowie die Neufestsetzung von Akkordrichtsätzen vor und förderte den verschärften Wettbewerb der Arbeiter untereinander durch viele kleine finanzielle oder ehrenvolle Privilegien, mit denen die letzten vorhandenen Leistungsreserven mobilisiert werden konnten.

Die Siemens-Belegschaft war dank des riesigen Kriegsgeschäftes und neuer Beteiligungen 1943 auf rund 250 000 angewachsen! Eine Zahl, die erst 1965 wieder erreicht werden sollte – oder die, wenn man die damals im großdeutschen Machtbereich Beschäftigten mit den heute im Inland Beschäftigten vergleicht, bis heute nicht wieder erreicht ist (1971: 234 000). Freilich gehörten der großen Siemens-Familie nicht nur freie deutsche Lohnarbeiter, sondern auch Juden und Ausländer an, die die Zeitumstände zu Sklaven gemacht hatten. Da nicht wenige von diesen in die Konzentrationslager eingewiesen wurden, herrschte eine für die kontinuierliche Produktion nicht sehr förderliche Fluktuation. So fügte es sich z. B., daß die 2 000 Häftlinge und Fremdarbeiter, die Anfang 1943 von Siemens zur Installierung des großen Vergasungskrematoriums im KZ Auschwitz eingesetzt waren, in eben diesem Krematorium ihr Ende fanden – und so verstummten auch die Zeugen für die Beteiligung des Hauses an diesen unerfreulichen Zeiterscheinungen.

Wie andere große Konzerne hatte auch Siemens mehrere Firmen-Lager, die oft mit KZs verwechselt wurden. So beherbergte das Lager Berlin-Haselhorst etwa 2 500 Menschen, darunter Kinder von 10-14 Jahren, meist Ausländer, zu denen das Siemenssche Aufsichtspersonal jedoch ein ganz erträgliches Verhältnis hatte. Den Häftlingen ging es nicht wesentlich schlechter als bei andern Firmen, sie verrichteten schwerste Arbeiten und konnten oft nur mit verfaulten Nahrungsmitteln durchgebracht werden. Jeden Monat wurden die jeweils 100 Schwächsten zwecks anderweitiger Verwendung ins KZ Sachsenhausen überführt. Die bis Anfang 1943 bestehenden Siemensschen Judenabteilungen waren bei den Juden durchaus nicht unbeliebt – bis auch hier der Staat sein bitteres Machtwort sprach.

Trotz aller dieser verzweifelten Maßnahmen war der Krieg nicht zu gewinnen. Das Verhängnis nahm seinen Lauf. Der Hitlerismus wurde immer problematischer – das sollte sich besonders nach dem 20. Juli 1944 zeigen, als der blanke Terror des Regimes auch die Siemens-Vorstände zu beunruhigen begann. Während die feindlichen Bomber das Reich und seine Produktion zerstörten, während die fremden Truppen immer näher rückten, einzelne Betriebe ausgelagert wurden und die bange Erwartung der Niederlage die Skeptiker quälte, bemühte sich Siemens noch um die mit komplizierten elektrischen Einrichtungen ausgestattete Raketen-Wunderwaffe, die die große Wendung bringen sollte. Aber für eine gründliche Erprobung war die Zeit zu kurz, die Katastrophe war nicht aufzuhalten, und in Trümmern, Blut und Tränen gingen so manche Ideale und Illusionen unter.

Zusammenbruch und neue Zukunft

Deutschland lag am Boden und mit ihm die deutsche Industrie. Einige der Siemensschen Wehrwirtschaftsführer machten durch Selbstmord ihrer Verzweiflung ein Ende. Andere schmachteten in Lagern der Sieger. Durch Zerstörungen und Auslandsverluste, durch entwürdigende Demontagen und Beschlagnahmungen war das Gesamtvermögen des Hauses auf ein Viertel seines letzten Wertes geschrumpft – das Aufbauwerk eines Jahrhunderts schien vernichtet. Doch in dieser Not sollte der Geist des Hauses seine schönste Bewährungsprobe bestehen. Denn die überwiegende Mehrzahl der Siemensianer blieb dem Hause auch in seinem tiefsten Unglück treu. Die Mitarbeiter, die noch in den letzten Kriegstagen das Werk verteidigt hatten, wertvolle Maschinen vergraben und gewisse belastende Akten verbrannt oder versteckt hatten, stellten sich wieder ein. Der Wunsch, das Haus wieder aufzubauen und mit neuem Leben zu erfüllen, beseelte die verbliebene Siemens-Gemeinschaft.

Der politische Weitblick der Führungsmannschaft sollte sich auch in jenen chaotischen Jahren wieder bewähren. Ende 1944 hatte der junge, im neutralen Schweden eingesetzte Prokurist Gerd Tacke eine geheime Karte mit den Beschlüssen der alliierten Jalta-Konferenz von Stockholm in die Berliner Zentrale schmuggeln können. Diesen Plan der deutschen Teilung hatte man mit tiefer Bestürzung, aber auch mit rationaler Voraussicht zur Kenntnis genommen. Es war klar, daß die Zukunft des freien Unternehmertums nur im Westen würde liegen können.

Sogleich wurde Ernst von Siemens, der Sohn Carl Friedrichs, mit einem Arbeitsstab nach München beordert. Bereits im Februar 1945 wurde ihm das Haus treuhänderisch unterstellt. Die äußeren Bedingungen waren katastrophal. Wie richtig aber die rechtzeitige Flucht vor dem sowjetischen Zugriff war, sollte sich schon in der Phase des Wiederaufbaus zeigen. Und es sollte sich auch als richtig erweisen, daß Ernst von Siemens mit den neuen Aufgaben betraut wurde und nicht der Chef des Hauses, der 1945 von den Amerikanern auf die Kriegsverbrecherliste gesetzt wurde, aber bald unbelastet aus der Internierung zurückkehrte, was den guten Beziehungen des Hauses zur amerikanischen Besatzungsmacht und den zahlreichen Industriellen in ihrem Offizierskorps zu danken war.

Die Bewältigung der Vergangenheit lief nicht immer so reibungslos ab. In Berlin hatten die ehemaligen Wehrwirtschaftsführer von Witzleben und Benkert einen besonders schweren Stand. Der eine, weil er Personalchef und Chef der politischen Abwehr im Hause gewesen war. Der andere, weil er sich unvorsichtigerweise bis zum bitteren Ende für den »totalen Krieg bis zum totalen Sieg« eingesetzt hatte und Verbindungsmann zur SS war. Beide wurden 1946 von der entsprechenden Kommission nicht »entnazifiziert«, obschon sie wieder die Verantwortung über eine vieltausendköpfige Belegschaft hatten und sich zur Demokratie bekannten. Als es daraufhin zu Unruhen kam, gelang es ihnen jedoch, an die politische Reife des Betriebsrats zu appellieren und das Heft in der Hand zu behalten.

Obwohl es offiziell verboten war, neue Industriebetriebe anzusiedeln, gelang es dennoch, vom örtlichen Gouverneur in Erlangen die Erlaubnis für eine Niederlassung zu ertrotzen. Mit Hilfe des schon erwähnten Hans Domizlaff wurde der Konzern, »wandlungs- und anpassungsfähig« (Peter von Siemens) wie immer, auf neuen Kundenbedarf umgestellt. Die Wehrwirtschaftsführer mußten auf Friedenspolitik umschalten. Die Zerstörungsmittel, die dem Haus zugleich Gewinn und Leid gebracht hatten, sorgten nachträglich umso mehr für eine gute, lebensbejahende Aktivität; sie weckten das Bedürfnis nach Wiederaufbau und trieben die neue Konjunktur an, die ohne Siemens nicht zu denken ist.

Während Deutschland noch hungerte, begannen die Siemens-Aktien wieder zu steigen. Und als mit Hilfe von Panzern, der Außerkraftsetzung der auf Enteignung zielenden Volksentscheide und den Segnungen des Marshall-Plans den Gewerkschaftern die Sozialisierungsideen ausgeredet worden waren, boten Siemens & Halske dem erfahrenen Finanzpraktiker der dreißger und vierziger Jahre, Hermann Josef Abs von der Deutschen Bank, einen Platz im Aufsichtsrat an. Die Sicherung der unternehmerischen Zukunft war jedoch erst abgeschlossen, als man die Leitung der wichtigsten Siemens-Betriebe nach Westdeutschland verlegt hatte – Siemens-Reiniger und Siemens-Plania bereits vor der großen Berlinkrise von 1948, Siemens & Halske und Siemens-Schuckert fanden schließlich während der Berlin-Blockade ihren (aus politischem Takt als Zweitsitz deklarierten) Hauptsitz in München bzw. Erlangen.

Schon 1950/51 konnte man bei Siemens wieder aufatmen. Die Umsätze lagen bereits höher (allerdings bei verdoppelten Preisen) als im Jahr der Rüstungshochkonjunktur 1937/38. Und 1951/52 wurden dank des amerikanischen Koreakrieges, der in der ganzen westlichen Welt das Konjunkturbarometer glühen ließ, auch mengenmäßig wieder die Zahlen der Vorkriegszeit erreicht. Mit 1 168 Mio DM Umsatz war Siemens zu 22,3 % am westdeutschen Gesamtindustrieumsatz beteiligt, einschließlich Beteiligungsgesellschaften sogar zu 25 %! Diese unglaublich klingenden Zahlen sprechen eine deutliche Sprache: Eine der wichtigsten Voraussetzungen für den Wiederaufbau waren die Leistungen des Hauses Siemens. Die gesamte gewerbliche Wirtschaft vom kleinsten bis zum größten Unternehmen, ferner die Verkehrswirtschaft und die Nachrichtentechnik wurden von uns wieder hochgebracht. So konnten Not und Zusammenbruch, Elend und Chaos schnell vergessen und bewältigt werden.

Begünstigt durch das Exportsteuergesetz, hatte man im Ausland wieder Fuß fassen können. Aber auch die Auslandsproduktion lief wieder an. Als die Westmächte Anfang 1952 den deutschen Unternehmen endlich die Genehmigung für Auslandsniederlassungen und Kapitalbeteiligungen erteilten, verfügte Siemens bereits über ein inoffizielles Netz von Werken und Beteiligungen, u. a. in der Schweiz, in Österreich, in Schweden, Spanien, Italien, Südafrika, Japan, Brasilien, Argentinien.

Diese Erfolge waren einer Reihe von Führungskräften zu danken, die schon im Dritten Reich alles für das Wohl des Hauses getan hatten (H. von Siemens, E. von Siemens, F. Bauer, Th. Frenzel, C. Knott, G. Leipersberger, E. Mühlbauer, W. von Witzleben) und sich rasch auf die Gegebenheiten der freien Marktwirtschaft einzustellen vermochten. Siemens war wieder ein Vorbild geworden. Selbst der damalige Wirtschaftsminister und Vater des Wirtschaftswunders, Ludwig Erhard, bekundete seinen tiefen Respekt. Aus Anlaß des 50jährigen Bestehens der Siemens-Schuckert-Werke 1953 erklärte er: »Aus dem großen Unternehmen, wenn Sie wollen aus dem Konzern, fließen der Fortschritt und der Geist, denen auch die kleine Industrie und der Mittelstand verhaftet sind ... Ich bin bereit, die dem Unternehmen durch wohlverdiente Leistungen erworbene Macht voll anzuerkennen.«

Auch das Verhältnis zwischen Leitung und Belegschaft entwickelte sich außerordentlich befriedigend. Die Löhne (von 1950 bis 1960) stiegen unaufhaltsam, ohne allerdings die erhebliche Steigerung der Gewinne zu gefährden: der Lohnanteil am Umsatz sank in der Elektroindustrie von 17,1 % auf 14,4 %. Dafür erhielten große Teile der Belegschaft soziale Vergünstigungen, Prämien, Aktien, Renten usw. (mehr darüber im Kapitel Unsere Mitarbeiter), die das für alle Seiten so schöne Gefühl der Verbundenheit mit dem Betrieb vertieften.

Das Programm für die zweite Hälfte der 50er und für die 60er Jahre wurde von Ernst von Siemens, der jetzt seinen Vetter Hermann von der Führung des Hauses abgelöst hatte, so formuliert: »Der Name unseres Hauses hat heute in der Welt wieder einen guten Klang; ihm seinen alten Rang zurückzugewinnen, muß das Ziel unserer Arbeit bleiben, ein Ziel, das uns nicht versagt werden wird, wenn wir in gewohnter Einigkeit nach ihm streben.« Man baute kapital-strategisch und politisch wichtige Produktionszweige auf, die ebenso wissenschaftliche wie finanzielle Potenz voraussetzten: Atomindustrie, Datentechnik und Rüstung. Man engagierte sich bei verschiedenen Elektrofirmen, bei der Lufthansa und der Max-Planck-Gesellschaft sowie bei der wichtigsten Rohstoffgesellschaft, der Metallgesellschaft AG. Kapitalerhöhungen, besonders zu Anfang der 60er Jahre, sorgten für eine solide Grundlage der Geschäftspolitik, deren Ergebnisse der Vorstand stolz mit »Rekordernten« vergleichen konnte. 1965 steht Siemens an der 37. Stelle der Weltumsatzrangliste, an 8. Stelle in Europa, an 2. in Deutschland. Der Durchbruch zur Weltklasse war wieder einmal geschafft!

Das Haus, das überdies zum industriellen Arbeitgeber Nr. 1 in Deutschland geworden ist, wurde am 1. Oktober 1966 organisatorisch umgestaltet. Die verschiedenen Arbeiten der einzelnen Siemens-Firmen hatten sich so verflochten, daß man sie jetzt unter dem gemeinsamen Dach einer mächtigen Siemens AG vereinen konnte. Die innere Neuorganisation wurden dann im Herbst 1969 vollzogen. Mit der Gliederung in sechs überschaubare, selbständige Unternehmensbereiche (Bauelemente, Datentechnik, Energietechnik, Installationstechnik, Medizinische Technik, Nachrichtentechnik) wurde dem Bedürfnis nach besserer Markterfassung und schnellerer Marktanpassung, nach erhöhter Schlagkraft und Reaktionsschnelligkeit Rechnung getragen. Fünf kraftvolle Zentralabteilungen (Betriebswirtschaft, Finanzen, Personal, Technik, Vertrieb) wahren die Einheit des multinationalen und multiproduktiven Hauses.

Wir wollen an dieser Stelle die Geschichte unseres Hauses, dessen gegenwärtige Leistung und zukünftige Bedeutung in den folgenden Kapiteln dargestellt werden, ausmünden lassen in ein Bekenntnis zu dem Erfolgsrezept, das sich in der 125jährigen Geschichte der Firma niemals geändert hat: Die Klarheit der Konzeption, daß man die Wirtschaft in den Dienst des technischen Fortschritts und diesen in den Dienst der jeweils gültigen Politik stellen muß, wenn man die Regierungen und den technischen Fortschritt wiederum in den Dienst der Wirtschaft stellen will. Diese Einsicht ist das Geheimnis der Wandlungsfähigkeit und der Lebenskraft, die das Haus heute zu nicht geringeren Leistungen befähigt, als sie vor 30 oder 60 oder 100 Jahren ins Werk gesetzt wurden. Das Spannungsverhältnis zwischen Technik, Wirtschaft und Politik hat jenen nicht abreißenden Prozeß wechselseitigen Gebens und Nehmens in Gang gesetzt, der Werner Siemens' innigen Wunsch, »Macht und Ansehen in der Welt« zu erlangen, auf wahrhaft Siemenssche Weise erfüllt hat: durch richtige Ideen, harte Kämpfe, große Geschäfte.

Unsere Technik, unsere Produkte, unsere Größe

»Worauf unser Haus in dem technologischen Wettrennen unseres Zeitalters zu achten hat, ist nur, daß wir auf den Gebieten, die wir als unsere eigentlichen Arbeitsschwerpunkte betrachten, Weltklasse bleiben.«

Ernst von Siemens

Wir sind heute so stark wie nie zuvor – weil wir uns nie zuvor mit einem so vielseitigen Warenangebot auf so vielen Märkten etablieren konnten. Und wir wachsen weiter, weit schneller als der Durchschnitt der Weltelektroindustie. Unsere Stärke gründet u. a. darauf, daß wir sowohl die Wünsche der öffentlichen Hand (Post, Bahn, Militär, Verwaltung, Energieversorgung) wie die der Industrie (Investitionsgüter) als auch die der Privatverbraucher (Konsumgüter) erfüllen. Unsere Stellung auf dem Weltmarkt behaupten wir durch ein differenziertes Angebot an Geräten, Anlagen und Know-how in allen Zweigen der Elektrotechnik – und durch eine geschickte Kooperations- und Fusionspolitik.

Unsere Partner sind nicht nur Banken und Versicherungen (vor allem: *Deutsche Bank, Allianz-Versicherung*), sondern auch die Großen der deutschen Industrie (wie *Hoechst, Thyssen, Blohm, Degussa, MAN, Dornier, Diehl* u.v.a.). Wiewohl wir besonders gern mit unsern deutschen Konkurrenten zusammenarbeiten (*AEG-Telefunken, Bosch, SEL, Felten & Guilleaume*), geht doch der Trend auf große europäische Partnerschaften, wie unsere Zusammenarbeit in der Datentechnik mit *Philips* und *CII* ankündigt. Dabei bleiben unsere Verbindungen zu außereuropäischen Firmen (wie *General Electric, Westinghouse, Allis Chalmers, Fuji Electro* usw.) weiterhin eng und herzlich. Bei all diesen Partnerschaften sind wir in der Regel mindestens gleichrangig, wenn nicht sogar der dominierende Teil.

Bei alledem bleibt unsere Technik stets das klarste Beweismittel für die Tatsache, daß wir alle, ob als Industrielle, Staatsbeamte oder Verbraucher, aufeinander angewiesen sind. Unsere technischen Leistungen und Produkte müssen aber auch als Mittel dienen, den vielfältigen sozialen Einfluß des Hauses zu wahren und, wo möglich, auszubauen. Nur wenn unsere technischen Leistungen sich auf dem Weltmarkt behaupten, können wir unsern Beitrag zur Lösung der großen Probleme erfüllen, vor die sich eine Weltfirma heute gestellt sieht. Peter von Siemens: »Nur eine gesunde Ertragskraft gibt uns den Freiheitsspielraum, den wir brauchen, um unseren Verpflichtungen als Teil der Gesellschaft nachkommen zu können.«

Deshalb ist jede Marktposition auch eine Machtposition – und noch mehr: jede technische Schlüsselstellung ist Voraussetzung gesellschaftspolitischer Mitsprache. Gerade darum dürfen wir auf das bisher Erreichte stolz sein und auf den folgenden Seiten einen kleinen Überblick über unsere technischen Aktivposten geben.

Atomtechnik

Da wir die großartigen Möglichkeiten der Nutzbarmachung der Kernenergie nicht der Konkurrenz überlassen konnten, haben wir uns in den sechziger Jahren erfolgreich bemüht, den durch alliierte Vorurteile bedingten Rückstand unserer Kerntechnik aufzuholen. Dank intensiver und staatlich geförderter Forschungsarbeit – wieviel wir von den insgesamt 10 Mrd DM erhielten, kann hier nicht erörtert werden – und Erfahrungs- und Lizenzaustausch mit der US-Firma *Westinghouse* haben wir heute den Anschluß an die Weltspitze gefunden. Projekte wie die Kernkraftwerke in Obrigheim/Neckar, Stade und Biblis und im Ausland sind Grundsteine unseres weltweit geplanten Atomkraftwerkbaus geworden.

Diese Aktivitäten laufen mittlerweile über die *Kraftwerk Union AG*, an der wir mit der *AEG* zu je 50 % beteiligt sind. Die *KWU*, die sich im Bundesgebiet fast eine Monopolstellung im Kernkraftwerkbau erobert hat, entwickelt derzeit die noch wirtschaftlicheren Schnellen Natrium-Brüter, die etwa ab 1980 zur Stromerzeugung dienen werden. Auf die Schnellen Natrium-Brüter, die auch den Rohstoff für Kernwaffen liefern können, ist ebenfalls die *Interatom Internationale Atomreaktorbau GmbH* spezialisiert, an der wir unseren Anteil innerhalb von 5 Jahren von 33 auf 75 % erhöht haben. Hier sind auch unsere Arbeiten an Schiffs-, Versuchs- und Raumfahrtreaktoren konzentriert.

Die *Interatom* wiederum hat gemeinsam mit der *MAN* und dem Rüstungsunternehmen *Dornier* die *Gesellschaft für nukleare Verfahrenstechnik mbH* gegründet (*Interatom*-Anteil: 50 %), die mit der Entwicklung von Isotopentrennanlagen und mit der Gewinnung des strategisch nicht zu unterschätzenden angereicherten Urans 238 beschäftigt ist. Um der steigenden Nachfrage nach Brennelementen für Kernreaktoren zu entsprechen, haben wir mit der *Nukem GmbH* die *RGB Reaktor-Brennelemente GmbH* gegründet (unser Anteil: 60 %). Mit Plutonium und Reaktorbrennstäben werden wir von der *Alkem GmbH* versorgt (unser Anteil: 30 %). Reaktorgraphit erhalten wir von der *Sigri Elektrographit* (an der wir mit 33 % beteiligt sind) und Natururan aus allen Kontinenten von der *Urangesellschaft*, an der wir über die *Metallgesellschaft* partizipieren.

Mit dieser sich harmonisch ergänzenden Atomtechnik halten wir die Schlüssel zu Großaufträgen auf einem der lukrativsten und zukunftsträchtigsten Weltmärkte in der Hand. Innerhalb der 1971 eingeleiteten Kooperation zwischen den auf dem Nukleargebiet führenden europäischen Unternehmen verfügen wir mit *AEG* bereits über die beste Ausgangsposition. Daß alle diese Aktivitäten auch rüstungspolitische Aspekte haben, versteht sich für den Kenner der Materie von selbst. Das vielfältige Ineinander von Kerntechnik, Raumfahrt- und Rüstungstechnik läßt es uns auch geraten erscheinen, die Ratifizierung des Atomwaffensperrvertrages nicht zu fördern.

Bauelemente

Die Elektronik ist das Herzstück der modernen Technik. Die elektronischen Bauelemente, von denen wir etwa 50 000 Typen liefern, schalten und steuern Kraftwerke, Lokomitiven, Fernsprechnetze. Ohne sie gäbe es keine Computer, Farbfernseher, Satelliten und keine bahnbrechende Automatisierung, keine Hilfe beim Informieren, Organisieren, Disponieren, Fertigen und Verwalten. Als Schrittmacher und Grundsteine der Technik sind Bauelemente und Halbleiter einer stürmischen Nachfrage auf dem gesamten Weltmarkt ausgesetzt, die 1971 wegen der Kürzung des amerikanischen Raumfahrt- und Rüstungsprogramms vorübergehend nachließ. Die von uns maßgeblich beschleunigte technische Entwicklung verlangt immer mehr elektronische Elemente, damit beispielsweise auch die Verbraucher von Kraftwagen, Kameras, Hausgeräten und Uhren in den Genuß vollautomatischer Steuerungen kommen. Mehr als ein Drittel unserer Bauelementeproduktion ist für die Perfektionierung der Unterhaltungselektronik bestimmt. Unsere Röhrentechnik bauen wir vor allem bei unserer 70prozentigen Tochter *Heimann GmbH* aus. Die Zulieferung von metallischen Werkstoffen und Legierungen erfolgt großenteils durch unsere 100prozentige Tochter *Vacuumschmelze GmbH*.

Datentechnik

Kein Gebiet der Elektrotechnik hat sich in den letzten Jahren so explosiv entwickelt wie die Datentechnik. Der Computer ist zu einem Symbol des Fortschritts geworden und zu einem unersetzlichen Partner der Verwaltung und der Wirtschaft, die von der Konkurrenz zur Rationalisierung und zur exaktesten Berechnung der Marktsituation gezwungen wird.

Innerhalb von 10 Jahren haben wir unseren inländischen Marktanteil von 0 auf über 16 % (Umsatz: 1 Mrd DM) erhöhen können. Wir liegen damit an 2. Stelle hinter dem Branchenführer *IBM* und sind der zweitgrößte europäische Computerhersteller geworden. Diese Position verdanken wir neben eigenem Investitionsaufwand von 1 Mrd DM der großzügigen staatlichen Förderung (bis 1970 schon 58 Mio DM) und unserem früheren amerikanischen Partner *RCA*.

Unsere Prozeßrechnerfamilie 300 und unsere mittelgroße Rechnerfamilie 4004 arbeiten heute an zahllosen Schaltstellen der Industrie. Auch auf dem hart umkämpften Markt der öffentlichen Auftraggeber gelingen uns immer wieder neue Durchbrüche, neuerdings auch im Bildungswesen. Computer für den militärischen Bereich werden von unserer Tochter *Zuse KG* erstellt. Mit der Bundespost, *AEG* und *Nixdorf* betreiben wir die *Deutsche Datelgesellschaft für Datenfernverarbeitung mbH* (unser Anteil: 20 %). Der Bedarf an wirtschaftlicher und verwaltungstechnischer Effizienz wird in den kommenden Jahren gewaltig steigen und läßt eine kräftige Geschäftsausdehnung erwarten, die u. a. den Bau einer »Denkfabrik« in München-Perlach erforderlich macht, in der 1980 8 000 Datentechniker unter optimalen Bedingungen tätig sein sollen. Die Entwicklung neuer Technologien, größerer Datenspeicher mit Zugriffszeiten von Mikrosekunden für Milliarden Zeichen, neue

Programmiersprachen und Programmiersysteme eröffnen uns ebenso erfreuliche Aussichten wie die Datenfernverarbeitung und die engere Verzahnung von EDV und Nachrichtentechnik.

Der steigende Anfall von Daten verlangt aber auch die Schulung von Programmierern und Technikern. Wir verfügen über Europas größtes Schulungszentrum für Prozeßautomatisierung und bilden jährlich etwa 30 000 Spezialisten aus. Wir machen sie mit der Technik der Siemens-Anlagen vertraut, was u. a. auch den Vorteil hat, daß sie für die Arbeit mit Konkurrenzprodukten nur bedingt einsatzfähig sind. Noch wichtiger allerdings wird die Entwicklung der Software, der Bestimmung und optimalen Nutzung der Programme. Wir haben uns gerade auf diesem Gebiet besonders qualifizieren können. An vielen Schaltstellen der Verwaltung und der Wirtschaft sind wir dabei, wenn die Daten für technische und organisatorische Aufgaben, für Finanzfragen, Operations Research, Lehrzwecke u.v.a. mehr erstellt und programmiert werden.

Aus genauer Kenntnis der zukünftigen Aufgaben der Datenverarbeitung wissen wir, daß sie am besten mit leistungsfähigen europäischen Partnern zu lösen sind. Deshalb haben wir mit *Philips* und der französischen *Compagnie Internationale pour l'Informatique (CII)* eine enge Zusammenarbeit verabredet – freilich unter Respektierung unserer Dominanz. So betreiben wir die Umstrukturierung der Großindustrie auf europäisches Format.

Energietechnik

Ebenfalls unentbehrlich für die moderne Wirtschaft ist die Energietechnik. Sie macht elektrische Energie überall und zu jeder Sekunde verfügbar, setzt sie in Antriebskraft um und nutzt sie zur Erzeugung von Wärme. Für diese vielfältigen Aufgaben produzieren wir Maschinen, Generatoren, Energieübertragungsanlagen und Elektromotoren aller Art. An den ertragsstarken Großprojekten des Kraftwerk-, Turbinen- und Transformatorenbaus sind wir durch unsere *Kraftwerk Union AG* und unsere *Transformatoren Union AG* zu je 50 % beteiligt. Schaltanlagen werden u. a. in unserer Neuerwerbung *Voigt & Haeffner GmbH* gebaut.

Zu den Aufgaben der klassischen Starkstromtechnik tritt mehr und mehr die Automatisierungstechnik, also das Messen, Steuern und Regeln. Die Informationselektronik verbindet sich mit der Leistungselektronik zur Industrieelektronik, auf die bereits mehr als die Hälfte unseres Energiegeschäfts fällt. Auf diesem Sektor sind gleichfalls die *Bergmann-Elektro GmbH* und die *P. Gossen GmbH* tätig, beides 100prozentige Töchter der *Bergmann-Elektricitätswerke AG*, die wir mit einem 37prozentigen Anteil beherschen.

Hausgerätetechnik

Die Entlastung der Hausfrau von der schweren und oft undankbaren Hausarbeit und ihre Freistellung für den Arbeitsprozeß ist das Anliegen der *Siemens-Electrogeräte GmbH* und ihrer Tochter *Constructa Werke GmbH*. In diesem Geschäft stehen wir in harter Konkurrenz zum größten Hausgerätehersteller Europas, der *AEG*, die uns 1967 nötigte, gemeinsam mit *Bosch* die *Bosch-Siemens Hausgeräte GmbH* zu gründen, um so vereint den Kampf gegen die Konkurrenz und für unsere treuen Kunden zu führen. Diese Kooperation hat sich im Laufe ihres fünfjährigen Bestehens äußerst befriedigend entwickelt.

Obwohl der deutsche Markt mit Bügeleisen, Staubsaugern, Kühlschränken, Elektroherden usw. weitgehend gesättigt ist, gelingen unseren Geräten dank vorbildlichen Designs und technischer Finessen immer wieder erfreuliche Durchbrüche. Auf dem hart umkämpften Waschmaschinenmarkt hat uns unsere Werbeabteilung zu einer hervorragenden Position verholfen. Auch bei anderen Geräten trägt unsere Werbung wesentlich zur Geschäftsausweitung bei, indem sie die Neigung der deutschen Hausfrau unterstützt, auch über teure Geräte lieber allein zu verfügen als sie mit anderen gemeinsam zu benutzen. Trotz des noch unterentwickelten Verkaufs bei Wäschetrocknern, Geschirrspülmaschinen usw. ist der Hausgerätebereich leider nicht als besonders wachstumsintensiv zu bezeichnen.

Installationstechnik

Die Nachfrage nach Installationsgeräten (Kabel, Sicherungen, Schalter, Leuchten, Heizgeräte, Lüfter) ist besonders stark von der Entwicklung des Baumarktes abhängig, der bekanntlich seit Jahren eine überdurchschnittliche Konjunktur erlebt. So hat sich unser breitgefächertes installationstechnisches Programm mit mehreren 10 000 Erzeugnissen zu einer der verläßlichsten Säulen unseres gesamten Geschäfts entwickeln können. Bei Straßenbeleuchtungsanlagen, Befeuerungsanlagen von Flughäfen, Bühnenbeleuchtung und Klimaanlagen erkämpfen wir uns jährlich höhere Marktanteile.

Auf dem Glühlampenmarkt sind wir durch unseren 47prozentigen Anteil am größten ausschließlich Glühlampen produzierenden Unternehmen der Welt, der *Osram GmbH*, vertreten. Die auch im Ausland sehr aktive Osram-Gruppe wird in diesem Jahr mit Hilfe verschärfter Rationalisierung ihren Umsatz auf 1 Mrd DM steigern können. Auf den gleichen Umsatz kommt schon heute die Holding *Bergmann Elektricitätswerke AG*, die wir (37 %) gemeinsam mit der *Deutschen Bank* und der *Bayerischen Vereinsbank* (je 25 %) in der Hand haben. Von den acht Töchtern der *Bergmann AG* wollen wir hier nur die *Deutsche Telephonwerke- und Kabelindustrie AG (DeTeWe)* und die *Bergmann Kabelwerke AG* hervorheben. Im Kabelgeschäft mischen wir außerdem bei drei weiteren Beteiligungsgesellschaften mit: *Norddeutsche Seekabelwerke AG* (50 %), *Kabelwerk Frowein GmbH* (26 % plus 6 % der *Bergmann AG*) und *Deutsche Fernkabel Gmbh* (17 %).

Medizinische Technik

Wenn immer das Schlagwort fällt, die kapitalistische Industrie und Technik seien der Feind des Menschen, dient uns die medizinische Technik als bester Beweis für das Gegenteil. Treue Dienerin des kranken und des helfenden Menschen, erweitert sie die Möglichkeiten der Diagnose und Therapie, entlastet Ärzte und Schwestern und sichert uns phantastische Zuwachsraten: Der Weltumsatz verfünffachte sich innerhalb von 12 Jahren und liegt derzeit bei über 1 Mrd DM, wovon 2/3 im Ausland erzielt werden.

Die größten Geschäfte machen wir nach wie vor mit der Röntgentechnik, z. T. über unsere Tochter *Röntgengerätebau GmbH*. Das Spektrum der medizinischen Geräte reicht vom kleinen Herzschrittmacher über Meßgeräte für Kreislauf-, Herz- und Gehirnuntersuchungen bis zu kompletten Patientenüberwachungsanlagen. Die meisten dieser Geschäfte laufen über unsere 100prozentige Tochter *INAK GmbH Industrielle Anlagen für Krankenhäuser*, die ihreseits über fünf Tochtergesellschaften und 50 % der *Hospitalia International GmbH* verfügt.

Unser Haus profitiert also nicht nur am allgemeinen Wachstum unserer Industriegesellschaft, sondern ebenso an den physischen und psychischen Folgen, die unsere Gesellschaft, wenn sie weiter wachsen und bestehen will, nun einmal fordert. Ob wir es wünschen oder nicht, auch die Angst vieler unserer Mitbürger, dem allgemeinen Streß nicht mehr gewachsen zu sein, belebt unsere Auftragsbücher. Deshalb sind wir seit einiger Zeit auch ins Diagnosegeschäft eingestiegen – wir haben uns mit 26 % als Hauptaktionär bei der *Deutschen Klinik für Diagnostik AG* engagiert. In dieser ersten deutschen Mayo-Klinik wird die gesundheitliche Leistungskraft vornehmlich von Führungskräften der Wirtschaft, hohen Beamten und zahlungskräftigen Privatleuten untersucht.

Nachrichtentechnik

Weitgehend unabhängig von der Konjunktur entwickelt sich weltweit ein gigantischer Bedarf an Nachrichtenmitteln. Immer mehr werden die nachrichtentechnischen Produkte unseres Hauses zum Schrittmacher dieser Entwicklung (Umsatz 1971: 3 Mrd DM). Wir gehören zu den fünf größten Weltmarktlieferanten von Fernsprech-Vermittlungseinrichtungen und -Apparaten. In mehr als 50 Ländern lieferten wir bisher weit über 20 Millionen Teilnehmeranschlüsse – wobei die Leistungen unserer stolzen Enkel-Unternehmen wie *DeTeWe* noch nicht mitgerechnet sind. Zur Übertragung von Fernsehsendungen und Ferngesprächen bauen wir zahllose Geräte- und Antennenanlagen für Richtfunk- und Satellitentechnik. Gute Beziehungen zu den staatlichen Behörden sind Voraussetzung für diese Erfolge.

Sobald wir mit dem Bestelleingang wieder einigermaßen Schritt halten können, werden wir die Werbung für den Bildfernsprecher forcieren. Dann wird zu zeigen sein, daß beim Dialog Mensch-Mensch innerhalb von Nachrichtennetzen das gesprochene Wort immer weniger ausreicht. Denn das Bildtelefon eröffnet, wenn es in den 80er Jahren Allgemeingut wird, großartige technische Investitionen, beispielsweise die hundertfache Übertragungskapazität des jetzigen Weitverkehrsnetzes.

Schon jetzt verbinden wir Telefone mit Datensichtgeräten. In naher Zukunft werden auch der Dialog zwischen Mensch und Maschine (sprechender Computer) und der Dialog zwischen Maschine und Maschine eine wesentliche Rolle spielen. Die außerordentlich starke Expansion der Nachrichtentechnik mit dem Trend zu weitgehend integralen Kommunikationssystemen wird unsere Welt-Spitzenposition festigen.

Rüstungstechnik

Auch wenn sich die Grenze zwischen der zivilen und militärischen Produktion und Forschung immer weniger exakt ziehen läßt, wollen wir hier gesondert auf unseren Beitrag zur westeuropäischen Verteidigung eingehen. Kein Unternehmen von der Größe unseres Hauses kann es sich heute leisten, die rüstungstechnische Entwicklung zu ignorieren, in der die Elektronik eine Schlüsselstellung einnimmt. Denn zum einen ist die militärische Technik immer noch der Hauptschrittmacher der technischen Entwicklung, zum anderen sichert der Rüstungssektor immer noch die ertragreichsten Geschäfte – so konnten allein von 1970 auf 1971 Preisaufschläge von rund 15 % durchgesetzt werden. Der Bundeswehr und den Stationierungsmächten liefern wir Fernmeldegeräte und elektrische Fahrmotoren für die größten LKWs der Bundeswehr, Flugplatzausrüstungen, Computer, Brennstoffzellen und Supraleiter für Raketen, Radaranlagen, Fahrzeugelektronik usw. – allein 1971 für ca. 180 Mio DM. Unsere Forschungszentrale entwickelt u. a. Kühlaggregate für Flugzeuge und U-Boote, baut thermionische Konverter für Raumfahrzeuge und Satelliten, entwickelt den Antrieb für Raketen auf Plasmabasis und wassergekühlte Rubinlaser zur Satellitenortung.

Größere Projekte werden, was schon aus Gründen der Diskretion vorteilhaft ist, in einigen unserer Beteiligungsgesellschaften durchgeführt. In der Flugzeug- und Raketenindustrie sind wir durch unseren Anteil (8,4 %) bei der *Messerschmidt-Bölkow-Blohm GmbH (MBB)* vertreten. Dieser Konzern, der mehr als 2/3 seiner Umsätze (schon 1970: über 1 Mrd DM) mit Rüstung und Raumfahrtaufträgen macht, baut Hubschrauber, Raketen und Satelliten, baut und repariert in Lizenz Starfighter und Phantom-Düsenjäger und ist in der Meeres- und Sprengstofftechnik aktiv. *MBB* ist dabei, sich durch seine 42,5prozentige Beteiligung an der *Panavia Aircraft GmbH* weiter zu profilieren, die das Mehrzweckkampfflugzeug MRCA/Panavia 200 mit kräftiger Subvention des Bundes entwickelt. Dieser Atombomber, auch Jagd- und Aufklärungsflugzeug, soll demnächst die Starfighter- und Phantom-Generation ablösen und u. a. eine Eindringtiefe von 2 500 km erreichen, also im Verteidigungsfall bis zum Ural vorstoßen können.

Dieser endgültige Schritt der europäischen und besonders der deutschen Rüstungsindustrie hin zur modernen technologischen Emanzipation erfordert in den nächsten Jahren für die ca. 1 000 Flugzeuge Aufwendungen von mindestens 30 Mrd DM, wovon ein stattlicher Prozentsatz unserem Hause und u. a. unserer Beteiligungsgesellschaft *Elektronik-System GmbH* (25 %) zugute kommen wird. Obwohl die Panavia 200 die ihr zugedachte Funktion (defensiver Einsatz, Unterstützung der Infanterie) nicht optimal wird erfüllen können, wird das Milliardenprojekt vorerst weiterlaufen; das ist u. a. der von *MBB* besonders kräftig unterstützten CSU und ihrem Vorsitzenden, Dr. F. J. Strauß, zu danken, dem Aufsichtsratsvorsitzenden der *MBB*-Tochter *Airbus GmbH*, außerdem dem ehemaligen stellv. Inspekteur der Luftwaffe, Friedrich Schlichting, der heute für *MBB* tätig ist.

Bei *Blohm & Voss* (unser Anteil: 12,5 %) sond es vor allen Dingen Zerstörer, Geleitboote, Küstenminensuchboote und Spezialausrüstungen für die Marine, mit denen wir uns den Aufgaben der Verteidigung widmen. Mit anderen Großfirmen ist unser Haus an der *Gesellschaft für Satellitensysteme Eurosat* (Genf) und an der *Marinetechnik-Planungs-GmbH* engagiert, die die Marineelektronik der Zukunft entwickelt. In der *Deutschen Betriebsgesellschaft für drahtlose Telegraphie GmbH* (unser Anteil: 50 %) produzieren wir Radar- und Navigationsgeräte für die Bundesmarine. Unsere *DeTeWe* (*Bergmann*-Tochter) steuert Fernsprechmaterial aller Art, unsere *Zuse KG* Computer bei. Auf unsere Aktivitäten in der Atomindustrie wurde bereits oben verwiesen.

Die Freunde des Hauses, denen unser Verteidigungsbeitrag zu gering erscheint, dürfen wir auf zwei Punkte aufmerksam machen. Unsere Forschung und Entwicklung widmet sich besonders intensiv den zukünftigen Rüstungsprojekten. Zum zweiten sind in unserer hochtechnisierten Gesellschaft die Grenzen zwischen militärischen und nichtmilitärischen Produkten so fließend geworden, daß wir bei Bedarf beispielsweise in unseren Kernforschungszentren in relativ kurzer Zeit eine Atombombe herstellen oder einen Wettersatelliten auf militärische Ziele umpolen können; ein anderes Beispiel: die von uns entwickelten hochempfindlichen Detektoren, mit denen z. B. die Wärmestrahlung eines Menschen noch in 80 m Entfernung deutlich zu registrieren ist, können in den bevorstehenden Dschungelkriegen zu entscheidenden Waffen werden. Das Überleben unserer Gesellschaftsordnung hängt also nicht von dem einen oder anderen Panzer ab – sondern von der Kapazität einer mächtigen, flexiblen und forschungsintensiven Industrie, die sich, eingebettet in die europäische Zusammenarbeit, jederzeit auf die noch vor uns liegenden Verteidigungsaufgaben einstellen kann.

Unterhaltungstechnik

In den letzten Jahrzehnten hat die Industrie den Menschen großartige Hilfsmittel zur optimalen Bewältigung ihrer Freizeit bereitgestellt. Trotzdem sind die Aufgaben nicht einfacher geworden, die Mitbürger von der Schönheit und Ordnung unserer Welt zu überzeugen. Deshalb arbeiten wir sowohl an der Entwicklung neuer unterhaltungstechnischer Bedürfnisse wie an der Programmierung der Unterhaltung mit Platten, Videokassetten und unseren Stars in Funk und Fernsehen.

Unsere Radio- und Fernsehgeräte (*Siemens Electrogeräte GmbH*) und unsere Röhrenproduktion (*Heimann GmbH*) sind gut etabliert. Auf die Einführung des Privatfernsehens, das früher oder später über Kabel laufen dürfte, sind wir bereits vorbereitet – das Kabel wird zum wichtigsten Glied in der Kette der audiovisuellen Totalversorgung der Zukunft werden. Die Unterhaltungsangebote des Sports und des Theaters verbessern wir mit Lichtflutern bzw. mit raffiniertesten Bühnenbeleuchtungsanlagen.

Eine der schönsten Kühe im Stall Siemens, wie Dr. Tacke einmal sagte, ist jedoch das Musikgeschäft. In der gemeinsam mit *Philips* betriebenen Management- und Holdinggesellschaft *Polygram* (Weltumsatz 1971: ca. 1,2 Mrd DM, 30 % Marktanteil in der BRD) ist unsere internationale Schallplattenproduktion konzentriert, die wir unter verschiedenen Markennamen vertreiben: Polydor, Deutsche Grammophon, Polyphon, Archiv, Heliodor, Brunswick, Coral. Die Markenvielfalt erlaubt uns u. a., eigene Läden einzurichten, die ein reichhaltiges Markenangebot präsentieren, obwohl sämtliche Platten, Musikkassetten usw. aus unserem Hause kommen. Freddy Quinn und Herbert von Karajan, Roy Black und Dietrich Fischer-Dieskau, James Last, Jimi Hendrix und Hans Werner Henze – ihnen und ihren Millionen in- und ausländischen Hörern verdankt unser Haus viel von seiner Standfestigkeit.

Mit der *Polymedia Gesellschaft für audio-visuelle Kommunikation mbH* (100prozentige Tochter der *Polygram*) sind wir in das Video-Kassetten-Geschäft eingestiegen, das uns in den kommenden Jahren große Möglichkeiten verspricht, zumal unser Partner *Philips* mit dem Magnetband die bisher fast einzige marktreife Technik entwickelt hat. Und auch in der traditionsreichen Druckindustrie sind wir vorn: Wir besitzen 60 % der *Rudolf Hell GmbH,* die als führende europäische Herstellerin von Erzeugnissen und Anlagen für elektronische Satz- und Reproduktionstechnik gelten darf. Auf allen Gebieten der Kommunikation und Unterhaltung spricht unser Haus also ein gewichtiges Wort mit!

Verkehrstechnik

Die wachsende Mobilität des Menschen und seiner Güter – ob auf dem Land, im Wasser oder in der Luft – wird von uns aktiv gefördert. Der Automobilindustrie liefern wir wichtiges Zubehör. Die hohe Verkehrsdichte helfen unsere weltbekannten Signalanlagen zu bewältigen – und wo sie nicht mehr ausreichen, in über 50 europäischen Großstädten, lenken Siemens-Computer den Straßenverkehr. An der Straßenbeleuchtung verdienen wir ausgezeichnet, am Autowaschgeschäft sind wir über die *MBB-Fahrzeugwaschanlagen GmbH* beteiligt.

Da die Grenzen des gesteigerten Individualverkehrs, den wir dennoch weiter fördern, immer sichtbarer werden, wurden in den letzten Jahren die Nahverkehrsmittel – die großenteils mit Siemens-Motoren, Steuer- und Signalgeräten arbeiten – kräftig ausgebaut und das Streckennetz der Deutschen Bundesbahn beschleunigt elektrifiziert. Für sie bauen wir, teils über unsere *Gesellschaft für elektrische Zugausrüstung mbh* (50 %), die schnellsten E-Loks, Signalsysteme und rechnergesteuerte Anlagen zur integrierten Steuerung des Schienenverkehrs. Durch unseren Anteil von 12,5 % bei der *Blohm & Voss AG* partizipieren wir am wieder attraktiven Schiffsbaugeschäft. Denn mit der gegenwärtigen Umrüstung sämtlicher Flotten der Welt auf Super- und Containerschiffe steigt der Bedarf an modernster Bordelektronik und elektronischen Verladesystemen rapide an.

Zur Flugsicherheit tragen unsere funkelektrischen Führungshilfen und die auf zahlreichen Flughäfen der Erde von uns installierte Befeuerung bei. Am großen Fluggeschäft werden wir jedoch erst ab Mitte der 70er Jahre teilnehmen: Wenn der von der *MBB*-Tochter *Airbus GmbH* (*MBB*-Anteil 65 %) und französischen Firmen gebaute Europa-Jet Airbus 300 B die Lüfte beherrscht. Da mit Dr. F. J. Strauß ein besonders einsatzfreudiger Aufsichtsratsvorsitzender für die *Airbus GmbH* gewonnen wurde, der umfangreiche staatliche Subventionen (1,2 Mrd DM) für dieses Großverkehrsflugzeug durchsetzen konnte, ist nicht zu befürchten, daß mögliche Nachteile des Airbus (unklare Marktchancen, hoher Preis) negativ zu Buche schlagen werden. Auch das leise »Stol«-Flugzeug der 80er Jahre wird bereits bei *MBB* geplant.

Über *MBB* greifen wir in die ebenfalls hoch subventionierte Entwicklung neuer Verkehrssysteme ein: die Magnetkissenbahn für den Fernverkehr, die Kabinenbahn für den innerstädtischen Verkehr und das abgasfreie Stadtauto. Bei dieser Magnetkissenbahn und dem Linearmotor, der sie antreibt, rechnen wir auch mit wesentlichen Beiträgen unseres Hauses. Außerdem sind wir als Mitglied der *Gesellschaft für bahntechnische Innovationen* direkt am Verkehr der Zukunft engagiert.

Hier wäre noch unsere *Siemens-Bauunion GmbH* zu erwähnen, deren spezialisiertes Programm für Verkehr (U-Bahnbau, Kaianlagen, Brückenbau usw.) und Industrie sie so stark machte, daß sie in diesem Jahr mit der renommierten Baufirma *Dyckerhoff & Widmann AG* fusionieren konnte. Damit ist unser Haus auch im Bauwesen führend.

Unsere Forschung und Entwicklung

An jedem Arbeitstag investieren wir über 4 Millionen DM in unsere Zukunftsprojekte! Das sind im Jahr etwa 1 Mrd DM, also rund 7 % unseres Weltumsatzes. Neun Zehntel dieses Betrages sind der projektorientierten Forschung gewidmet, die oft auf den Ergebnissen der öffentlich finanzierten Forschung aufbaut. Indem wir Forschungsprogramme des Bundes sorgfältig in unser Konzept einbauen, sichern wir uns neben den kräftigen Subventionen auch die beste Ausgangsposition bei zukünftiger Auftragsvergabe.

Schwerpunkte der Arbeit unserer 18000 Forscher und ihrer Helfer sind die Entwicklung eines Brennstoffzellenatommotors, der einmal den Elektro-Dynamo ablösen soll, Kühlaggregate für Flugzeuge und U-Boote und thermionischer Konverter (Strom aus Uran) für Raumfahrzeuge und Satelliten. Wir entwickeln neue Antriebssysteme auf Plasmabasis für interplanetare Raketen und treiben mit hohen staatlichen Subventionen die Atom- und die Datentechnik voran. In der Lasertechnik können wir uns mit den größten amerikanischen Konkurrenten messen, ebenso auf dem vielversprechenden Feld der Supraleitung.

Der technische Fortschritt wird nicht um seiner selbst willen betrieben. Mehr denn je gilt unsere Devise: Wer die Zukunft beherrschen will, muß eine besondere Aktivität in Forschung und Entwicklung an den Tag legen. Die großartigen Forschungsergebnisse werden sich nur dann auszahlen, wenn es uns gelingt, neben ihren direkten Erträgen (Kapital) auch die indirekten Erträge (gesellschaftspolitischer Einfluß) dem Hause optimal zu sichern. Deshalb müssen wir unsere Mitsprache bei Einsatz und Nutznießung der Atomreaktoren und Computer, der Unterhaltungsmittel, der Lasertechnik usw. wahren und im Verein mit der Privatindustrie und den staatlichen Stellen weiter ausbauen. Wir meinen, daß wir mit unserer technischen Leistungsfähigkeit – für die unsere erfreulich positive Lizenzbilanz nur ein Indiz ist – einen besonderen Anspruch auf die Berücksichtigung unserer Zielvorstellungen haben, die ja letztlich auch der Allgemeinheit zugutekommen.

Unsere Auslandserfolge

> »Selbst Großfirmen wie unser Haus werden in Deutschland nur überleben, wenn sie in ihrem technischen Wissen, ihrer Forschung und Entwicklung dem Weltstandard voraus und dazu imstande sind, dieses geistige Potential auch in das Ausland zu übertragen.« Dr. Gerd Tacke

Seit eh und je ist das Haus Siemens bestrebt, auch ausländischen Märkten zu dienen und sich im internationalen Geschäft das Renommee zu erwerben, das es im deutschen Raum genießt. Freilich haben sich mit der Entwicklung von Wirtschaft und Technik im Laufe der Jahrzehnte auch gewisse Notwendigkeiten ergeben, zu exportieren und den breitgestreuten internationalen Absatz auch durch eine weltweit verteilte Fertigung zu ergänzen und zu sichern.

Im Inland zwingt uns die Konkurrenz zu einem ausgedehnten Warenangebot, das sich wegen der Enge des Marktes jedoch nur mit wachsenden Schwierigkeiten und stagnierenden Gewinnen absetzen läßt. Deshalb müssen wir, dem Zwang und Drang zum Wachstum gehorchend, neben verstärkter Bemühung um staatliche und öffentliche Aufträge vor allem auf ausländische Märkte vordringen.

Unsere Auslandsfertigung

Auf die Dauer gesehen genügt es allerdings nicht, die ausländischen Absatzgebiete allein durch Exporte (Warenexporte) zu erschließen – was Ernst von Siemens kürzlich als Bilderbuchvorstellung bezeichnete. Erst ein sorgfältig geplantes Netz von Auslandsfabriken (Kapitalexporte) garantiert die langfristige Integration europäischer und überseeischer Märkte in unseren Einflußbereich und damit unser Überleben. Wir müssen Freiheit, Kapital, Material, Technologie und Techniker ausschicken, wann immer und wo immer sie Nutzen bringen: Maximierung des Wachstums, der Konkurrenzfähigkeit und der Erträge.

Bei dieser unserer Wachstumspolitik kommt den sogenannten Entwicklungsländern eine Schlüsselstellung zu. Da diese Länder dank der Entwicklungshilfe zumeist hoffnungslos verschuldet sind, was ihren Importmöglichkeiten enge Grenzen setzt, und da die Industriestaaten sich naturgemäß nicht darauf beschränken können, diese Länder nur als Rohstoffquellen zu nutzen, ist man in den letzten Jahren verstärkt dazu übergegangen, dort Kaufkraft zu schaffen – Voraussetzung dafür, daß dort sowohl die Produkte ausländischer Gesellschaften gekauft werden, als auch die Exporte aus den Industrieländern bezahlt werden können. Konkret heißt das, daß z. B. die Bundesrepublik – vor allem über die Kreditanstalt für Wiederaufbau unter Leitung von Dr. Abs – mehr und mehr den Aufbau der Industrie großzügig fördert; und daß wir mit dem Bau von ebenfalls geförderten Fertigungsstätten nachziehen und dort Märkte für unsere Produkte schaffen, wo noch keine sind, und ausdehnen, ehe sich unsere Konkurrenz dort etablieren kann.

Mit dieser Entwicklungspolitik verbindet sich eine Reihe von Vorteilen. Wir nutzen das in diesen Ländern oft phantastisch niedrige

Lohnniveau. Wir verkürzen die kostspieligen Transportwege für den Export. Wir können in Ländern mit Einfuhrbeschränkungen die Zollschranken unterlaufen. Wir binden ausländische Arbeitskräfte, Fachkräfte und Zulieferer an unser Haus, an unser Land. Wir können die Krisen durch die Dezentralisierung besser auffangen.

Die Risiken unserer Auslandsgeschäfte werden wenigstens teilweise von den betreffenden Ländern oder von der Bundesrepublik übernommen – durch Bürgschaften, Garantien und Investitionshilfen einerseits und durch steuerliche Vergünstigungen andererseits. So z. B. durch das »Gesetz über steuerliche Maßnahmen bei der Auslandsinvestition der deutschen Wirtschaft«, demzufolge Verluste ausländischer Betriebsstätten und Tochtergesellschaften vom steuerpflichtigen Gewinn im Inland abgesetzt und durch die Möglichkeit steuerfreier Übertragung stiller Reserven Verlustrisiken sogar vorweggenommen werden können. Außerdem werden nach einem neuen Gesetz ausländische Tochtergesellschaften von Gewerbesteuer und Vermögenssteuer befreit.

Natürlich begünstigt der Staat die Investitionen der Wirtschaft nicht nur aus reiner Liebe zum Unternehmertum, sondern aus politischen Überlegungen, die wiederum den unternehmerischen Interessen entgegenkommen. Denn mit jeder Fabrik, die wir draußen in der Welt errichten, erfüllen wir auch eine politische Mission. Wir setzen nicht nur funktionstüchtige Denkmäler unserer Technik und deutscher Qualitätsarbeit, sondern auch gewaltige Zeugen der Leistungskraft unserer gesunden kapitalistischen Wirtschaftsform. Das ist ein Teil unseres Beitrags zum Kampf gegen die in den Ländern der »Dritten Welt« immer wieder aufflackernden Unruhen und zur Stabilisierung der dortigen Regierungen – sofern sie der freien unternehmerischen Betätigung in ihren Ländern aufgeschlossen gegenüberstehen. Verständlicherweise fühlen wir uns besonders den Regierungen verbunden, die durch kompromißloses Vorgehen gegen gewerkschaftliche und sozialistische Opponenten für eine stabile innere Ordnung und damit für ein günstiges Investitionsklima Sorge tragen – wir nennen hier nur Portugal, Spanien, Griechenland, Türkei, Iran, Südafrika, Brasilien, Argentinien, Indonesien.

Auch die innenpolitischen Vorteile der intensiveren Auslandsproduktion sind nicht zu unterschätzen. Wir werden unabhängiger von den konjunkturellen Entwicklungen in unserem Land. Wir tragen zur Entspannung des deutschen Arbeitsmarktes bei, also zur tendenziellen Erhöhung der Arbeitslosenquote, die wir nach wie vor als sozialpolitisches Instrument brauchen. Wir können bei steigenden Lohnforderungen und bei Streiks die Produktion der Auslandsfilialen verstärken und damit den Forderungen besser ausweichen. Und schließlich werden durch eine starke Position im Ausland auch im Inland unser Einfluß und unsere Stimme bei allen wirtschaftspolitischen Auseinandersetzungen gewichtiger. Diese außen- und innenpolitischen Vorteile sind zusammengefaßt in unserer sozialen Devise: Die Arbeit zum Menschen bringen! Statt mehr und mehr ausländische Arbeitskräfte ihrer Familie, ihrem Dorf und ihrem Land zu entwurzeln, möchten wir ihnen lieber in ihren Herkunftsländern Fabriken einrichten – wo immer das Investitionsklima es erlaubt.

Für die sogenannte Dritte Welt gelten zusätzliche Überlegungen. Hier liegen gewisse Risiken in der wachsenden Selbständigkeit dieser Länder. Freilich wünschen wir auch diesen Ländern nichts mehr als Selbständigkeit. Aber dieses natürliche Streben darf nicht den Rahmen der internationalen Arbeitsteilung sprengen und nicht zur Diskriminierung der großen Investoren führen. Deshalb fällt der Industrie noch auf Jahre hinaus die Rolle eines Lehrmeisters der Dritten Welt zu – die Aufgaben, die hier zu meistern sind, hat ja schon Werner Siemens im Kern erfaßt (vgl. Unsere Geschichte, S. 11). Bildungspolitik, Investitionspolitik und Außenpolitik werden dabei eng gekoppelt. Beste Kontakte zu den Politikern und Wirtschaftlern der betreffenden Länder sind ebenfalls erforderlich. Allerdings pflegen wir, um die Kontrolle über unsere Geschäfte und die weltweite Einheit unserer Technik zu wahren, bei allen Siemens-Töchtern Fremdbeteiligungen nur bis 49 % zuzulassen.

In Erwägung aller dieser ökonomischen und politischen Faktoren treiben wir unsere Expansion zügig voran. Wir sind in 52 Ländern durch eigene Gesellschaften, in weiteren 67 Ländern durch Vertretungen und Stützpunkte vertreten. Unsere sechs Unternehmensbereiche verfügen über 54 ausländische Fertigungsstätten (gegenüber 37 in der Bundesrepublik) – wir haben damit mehr Auslandsfabriken als jedes andere deutsche Unternehmen. Freilich stehen den 228 000 inländischen Siemensianern erst 73 000 ausländische zur Seite, aber auch hier wird es bald bedeutende Verschiebungen geben. Allein für die nächsten 5 Jahre haben wir bei der Auslandsbelegschaft eine Zuwachsrate von etwa 50 % eingeplant, während die Inlandsbelegschaft mehr oder weniger stagnieren dürfte. Entsprechend nimmt der Auslandsumsatz stetiger und stärker zu als der Inlandsumsatz, der 1970/71 nur noch 59 % des Weltumsatzes ausmachte. Sehr beachtlich ist die Eigenleistung der Auslandsgesellschaften mit 20 %, die die Höhe der Exporte (21 %) so gut wie erreicht hat. Von den Direktinvestitionen im Ausland entfallen etwa die Hälfte auf Entwicklungsländer (incl. die europäischen). Und auch die Erträge aus dem Ausland werden immer stattlicher.

Um die Expansion auf die noch wenig erschlossenen Märkte zu forcieren, haben wir mehrere Holdings gegründet. So befassen sich die Siemens Europa-Beteiligungen AG (die an 46 Gesellschaften mehrheitlich beteiligt ist) und die Siemens Asia Investments AG (mit 6 Gesellschaften mit Anteilen von mehr als 50 %) von der Schweiz aus sowie in Kanada die Siemens Overseas Investment Ltd (25 Gesellschaften mit Anteilen von mehr als 50 % in Amerika und Afrika) mit Gründung, Finanzierung und Ausbau unserer Auslandsunternehmen. Durch die Holdinggesellschaften erleichtern wir uns speziell den Zugang zu ausländischen Kapitalmärkten und gewinnen beträchtliche Steuervorteile. Ein weiterer Nutzen: Da wir bemüht sind, im Ausland so wenig wie möglich Kapital selbst anzulegen (und an direkter Investition oft nur Maschinen liefern, die z. T. schon abgeschrieben sind), lassen wir den neuen Werken von einer Holdinggesellschaft Kredite geben; dazu kommen Kapitalbeteiligungen und/oder Kredite aus den betreffenden Ländern. Die Kredite der Holdinggesellschaften müssen natürlich verzinst werden. Dadurch wird der Gewinn der Tochtergesellschaften zwar nominell geringer, aber – und das ist besonders bei Gesellschaften in Ländern wichtig, die den Rücktransfer von Gewinnen einschränken – uns ist auch noch die Verzinsung eines Teils des investierten Kapitals gesichert. Unsere Gewinne aus ausländischen Gesellschaften erhalten wir demnach meist in Form von Zinsen auf Kredite, von Lizenzgebühren usw. Die Konstruktion der Holdinggesellschaften sorgt also auch dafür, daß die teilweise beträchtlichen Gewinne der Auslandsgesellschaften nicht voll in Erscheinung treten.

Einige Beispiele unserer Auslandsaktivitäten, besonders die in Entwicklungsländern, wollen wir auf den folgenden Seiten unter regionalen Aspekten betrachten.

Wir und die EWG

Etwa ein Drittel unseres Auslandsumsatzes wird in der EWG erzielt (ohne die vier neuen Mitgliedstaaten). Vor allem konnten wir in unseren Nachbarländern verstärkt Fuß fassen. In *Frankreich* fertigen wir außer in Paris jetzt auch, dank nachhaltiger staatlicher Hilfe, im elsässischen Haguenau und in Bordeaux. Wir arbeiten außerdem mit der weit entwickelten französischen Atomindustrie (Jeaumont-Schneider) und Datentechnik (vgl. Unsere Technik, S. 36) zusammen.

In *Belgien,* das für ausländische Firmen ein äußerst günstiges Investitionsklima geschaffen hat und als Sitz der NATO-Zentrale besondere Reize bietet, produzieren wir in Oostkamp (Nachrichtentechnik) und Lanklaar (Datentechnik), demnächst auch in drei weiteren Orten. Mit der belgischen Regierung haben wir einen EDV-Entwicklungsvertrag geschlossen, der uns und Philips für fünf Jahre je 25 % der entsprechenden Aufträge der öffentlichen Hand (einschließlich Gemeinden, halbstaatliche Betriebe, Universitäten usw.) sichert. Die *Niederlande*, wo unser Partner Philips dominiert, bauen ihre Vorurteile gegenüber der deutschen Technik allmählich ab. Das zeigt der Auftrag an unsere Kraftwerk Union, in Borssele ein 400 MW-Kernkraftwerk zu bauen – der erste Exporterfolg der deutschen Reaktor-Industrie.

Gute Erträge sind mehr und mehr auch aus *Italien* zu erwarten (ca. 6 000 Mitarbeiter). Die beträchtlichen Steuervorteile, das große Arbeitskräftereservoir sowie die staatlichen Auftragsgarantien motivieren uns, unser soziales Anliegen zu dokumentieren und neben dem Aufbau neuer Fabriken ganze Produktionsabteilungen besonders nach Süditalien zu verlegen. Von dort aus werden vor allem ausländische Abnehmer und sogar der deutsche Markt versorgt. Unsere Kraftwerk Union erhielt 1971 den Auftrag, ein großes römisches Kraftwerk im Wert von einer halben Milliarde DM zu bauen. Wegen angeblicher Rücksichten auf die italienische Konjunktur und mangelndem Verständnis für die Überlegenheit der Siemens AEG-Technik drohte dieser Auftrag zurückgenommen zu werden. Wir sagen das hier, weil diese nicht gerade europafreundliche Intervention zeigt, welchen Vorurteilen fortschrittliche Unternehmungen sogar noch in Europa begegnen. Wir meinen: was hier zählen muß, ist allein die objektive Leistung, nicht Nationalitäten, nicht Konjunkturen, nicht subjektive Empfindlichkeiten.

Wir sind heute wieder ein wichtiger Teil der Elektroindustrie *Österreichs*. Mit der Zusammenfassung unserer alten und neuen Gesellschaften in die Siemens AG Österreich, an der wir den Staat Österreich mit 44 % beteiligt haben, wurde jetzt ein wesentlicher Schritt zur Straffung unserer dortigen Interessen gemacht. Wir haben auch die Kapitalmehrheit der in ihrer Branche führenden Uher AG für Zähler und elektronische Geräte erworben. Wir beschäftigen 12 000 Mitarbeiter in Wien, Villach, Deutschlandsberg und Fohnsorf/Steiermark.

Auch unsere Interessen in der *Schweiz* sind kürzlich neu geordnet worden. Von der neuen Siemens-Albis AG besitzen wir 80 % des Kapitals. Die übrigen Anteile liegen bei der Elektro Watt AG, an der die Schweizerische Kreditanstalt beteiligt ist, die unter den Schweizer Banken mit über den reichhaltigsten Industriebesitz verfügt. Wesentliche Entwicklungsarbeiten haben wir nach Zürich ausgelagert. Neben der Merkur-Finanz AG und der Siemens Leasing AG lassen wir unsere wichtigsten Holdings von der steuergünstigen Schweiz aus operieren.

Eines der interessanten europäischen Entwicklungsländer stellt *Portugal* dar. Unsere Werke in Porto, Setubal, Evora und Sabugo erweitern ständig ihre Kapazitäten – bis 1974 4 000 Arbeitsplätze. Da die portugiesischen Arbeiter die billigsten Europas sind (eine Arbeiterin erhielt 1970 einen Tageslohn von 36 Escudos, rund 4,50 DM), Kaufkraft und Massenkonsum also noch relativ unterentwickelt sind, ist Portugal für uns das geeignetste Land, von dem aus wir zollfrei in den EFTA-Markt exportieren können. Das niedrige Lohnniveau erlaubt sogar, arbeitsintensive Waren in Portugal herstellen zu lassen und die Fertigwaren in die Bundesrepublik zu reimportieren – trotz der hohen Transportkosten immer noch ein lohnendes Geschäft.

Unser portugiesischer Präsident darf mit Recht sagen: »Siemens kann schon jetzt als eine nationale Firma betrachtet werden und soll deshalb an den Interessen und Problemen des Landes teilnehmen, in dem sie Wurzeln gefaßt hat.« Das gilt besonders für unser neues Werk (Evora) für nachrichtentechnische Erzeugnisse, auf deren militärstrategische Bedeutung für Portugals Verteidigung in Afrika hier nur am Rande verwiesen sei. Die ungewöhnliche politische Stabilität der Regierung – die etwa 60 % des Staatshaushalts für ihre Verteidigung ausgibt – fördern wir nicht nur durch Investitionen, sei es in den Überseeprovinzen (vgl. S. 51) oder im Mutterland, nicht nur durch unsere Planungen im Gemischten Ausschuß für deutsch-portugiesische Zusammenarbeit, sondern auch durch Waffenhilfe über unsere Beteiligungsgesellschaft Blohm + Voss, die bereits drei Kriegsschiffe im Wert von 150 Mio DM zur Unterstützung der portugiesischen Afrika-Politik geliefert hat.

In *Spanien* arbeiten wir unter ähnlich günstigen Bedingungen. Eine Reihe von Großaufträgen für Kraftwerkausrüstungen haben uns zu einem der führenden Lieferanten des Landes auf diesem Gebiet gemacht. Neben der umfangreichen Fertigung in Madrid, Malaga und Cornellá tragen wir auch in Spanien zur Automatisierung der Verwaltung bei. Daneben liefern wir über Blohm + Voss für die Marine Kriegsschiffe (da Waffenlieferungen an sogenannte faschistische Staaten derzeit nicht opportun sind, mußten diese Schiffe in Hamburg vorgefertigt und in Spanien zusammengebaut werden).

Seit in *Griechenland* das Militär die Regierungsverantwortung übernommen hat, haben sich auch dort unsere Geschäfte außerordentlich belebt. Im Bereich der Haus- und Fernsehgeräte betreiben wir lohnende Kooperationen, auf anderen Gebieten verfügen wir über Mehrheitsbeteiligungen. Unsere Fabrik in Thessaloniki, die Peter von Siemens und der stellv. Ministerpräsident Pattakos 1969 als Ausdruck gemeinsamer Verbundenheit feiern durften, vergrößert ständig ihre Kapazität. Wir erhalten jährlich mehrere millionenschwere Aufträge staatlicher Gesellschaften, u. a. für Fernmeldeanlagen, Kraftwerke oder Umspannstationen. Diese und andere gute Beziehungen, die uns wie der gesamten deutschen Großindustrie am Herzen liegen, werden auch außenpolitisch relevant. Sie werden nach und nach das getrübte Bild, das sich die Öffentlichkeit von der griechichen Regierung gemacht hat, abbauen helfen.

Die *Türkei* wird ebenfalls mit fester Hand geführt und bietet ein entsprechend gutes Investitionsklima. Wenn das unter unserer Leitung gebaute riesige Keban-Kraftwerk fertiggestellt ist, haben wir Aussicht, an weiteren 21 geplanten Staudämmen und Kraftwerken zu profitieren. Unsere türkische Fertigung muß weiter ausgebaut werden. Denn langfristig kommt es darauf an, den Strom der Gastarbeiter zu dämmen durch die Fabrikation in deren Herkunftsländern, von denen die Türkei eins der wichtigsten ist. Mit der 1970 erfolgten Abwertung des türkischen Pfunds um zwei Drittel, mit der den industriellen Aufbau vorbereitenden staatlichen Entwicklungshilfe und Militärhilfe sowie mit der relativ konkurrenzfreien Binnenmarktlage sind in diesem strategisch bedeutenden Raum wesentliche Anreize geschaffen worden, die Arbeit zum Menschen hinzuführen.

Wir und Osteuropa

Als neuer Schwerpunkt unserer Exporttätigkeit treten die osteuropäischen Staaten immer mehr ins Rampenlicht. Schon seit den 50er Jahren liefern wir für die *Sowjetunion* Fernschreibgeräte, elektrische Ausrüstungen für Eisbrecher und Lokomotiven, Dampfumformer für Kraftwerke sowie elektrotechnische Anlagen für das weltberühmte Bolschoi-Theater. Die langjährige Aktivität unseres Hauses in *Jugoslawien* führte bereits zu mehreren Kooperationsverträgen. Doch erst seit der Periode der politischen Wetterbesserung und dem gleichzeitigen Aufbau unseres Zentralvertriebs Ost (Anfang 1970) kommt das Geschäft mit den Oststaaten etwas zügiger in Gang. So arbeiten unsere elektromedizinischen Geräte und Computer heute in der *UdSSR*, in der *DDR*, in *Polen*, *Ungarn*, *Rumänien* und in der *CSSR*. Mit der Sowjetunion besteht eine Rahmenvereinbarung über wissenschaftlich-technische Zusammenarbeit, besonders bei der Automatisierung bestimmter Fertigungen. Wir haben auch schon Seminare zur Schulung russischer Techniker durchgeführt. Seitdem unsere Moskauer Niederlassung offiziell akkreditiert ist, sind die Auspizien für eine Kooperation auf ausgewählten Tätigkeitsgebieten und für die Intensivierung des Ostgeschäfts ausgesprochen günstig.

Aber auch hier muß vor Illusionen gewarnt werden: Trotz der ermunternden Entwicklung ist in absehbare Zeit nicht zu erwarten, daß wir in Osteuropa produzieren können und daß unsere Geschäfte mit diesen nunmehr einer anderen Wirtschaftsform verhafteten Ländern wieder das prozentuale Volumen früherer vorkommunistischer Zeiten erreichen.

Wir und Nordamerika

Trotz anhaltender Schwierigkeiten europäischer Firmen, in den *USA* Fuß zu fassen, konnten wir Produktion und Absatz auf diesem Markt von Jahr zu Jahr verbessern. Die bilaterale Partnerschaft zur wichtigsten Großmacht der Welt erfordert auch von uns ein verstärktes Engagement. Über die Siemens Corporation, New York, laufen kontinuierliche Lieferungen unserer Spezialitäten (Elektronenmikroskope, Bauelemente und elektromedizinische Geräte), für die wir in den USA die höchsten Preise nehmen können. Mit Westinghouse arbeiten wir seit vielen Jahren auf dem Gebiet elektrotechnischer Ausrüstungen für Waffen und Atomwaffen zusammen. Durch fast 200 lukrative Lizenzverträge mit den verschiedensten Unternehmen sind wir der amerikanischen Wirtschaft eng verbunden. Seit zwei Jahren haben wir eine feste Zusammenarbeit mit Allis-Chalmers vereinbart, dem führenden US-Hersteller von Wasserkraftturbinen, und über die Kraftwerk-Union mit ihm eine gemeinsame Tochter gegründet. Auch auf dem größten Musikmarkt der Welt steuern wir nicht weniger als vier Schallplattenfirmen. Am Raumfahrtgeschäft sind wir durch unseren Elektroluminiszenz-Leuchtstoff beteiligt.

Als steuergünstiges Land haben wir *Kanada* zum Sitz unserer Siemens-Overseas Ltd., Pointe Claire, gemacht. Von hier aus helfen wir bei der Finanzierung unserer 25 Gesellschaften in Amerika, Afrika und Australien und projektieren neue Investitionen. Aber auch unsere Produkte sind in der kanadischen Wirtschaft äußerst begehrt.

( ) gestrichen in 2. Auflage

Wir und Südamerika

Besonders stolz sind auf unsere Erfolge in Süd- und Mittelamerika. Seit dem Krieg haben wir hier über eine viertel Milliarde DM angelegt. Wir werden bis 1974 weitere 200 Mio DM investieren und unsere Beschäftigtenzahl (1970: 10 000) auf 17 500 erhöhen. In allen Ländern dieses reichen Halbkontinents unterhalten wir Fabriken oder Werkstattfertigungen, außer in Cuba und Haiti. Die antinordamerikanischen Stimmungen mancher Südamerikaner erleichtern in zunehmendem Maß die Konkurrenzbedingungen und die Beherrschung der Märkte.

Unsere vier Produktionsstätten in *Argentinien* konnten dank anhaltender staatlicher Großaufträge besonders in den Bereichen Nachrichtentechnik und Energietechnik zügig ausgebaut werden. Das öffentliche Telefonnetz Argentiniens besteht zu 40 – 50 %, das Telexnetz zu 100 % aus Siemens-Anlagen. Bei den Wasserkraftwerken haben wir die Hälfte der installierten Leistung beigesteuert. Unser Projekt mit dem höchsten Prestigewert jedoch ist das Atomkraftwerk Atucha. Gegen härteste Konkurrenz erhielten wir Anfang 1968 den Auftrag, Südamerikas erstes Kernkraftwerk zu bauen. Nach sorgfältiger Einschätzung auch der politischen Stimmungen hatten wir empfohlen, einen Natururan-Reaktor zu bauen – auf Natururan haben die USA kein Monopol, während die Argentinier davon über große Lagerstätten verfügen. Nach diesem Durchbruch rechnen wir damit, alle zwei Jahre einen Auftrag für ein Atomkraftwerk in Südamerika zu bekommen.

Nicht weniger erfolgreich gestalten sich unsere Beziehungen zu *Brasilien*. Da sich etwa ¾ der brasilianischen Industrie in ausländischer Hand befinden, davon der zweitgrößte Anteil in deutscher Hand, da wir schließlich auch den ehemaligen Außenminister Correira als Direktor gewinnen konnten, gibt es optimale Voraussetzungen für gute Geschäfte. Wer heute in Brasilien produziert – wie wir mit fünf Fabriken –, darf nicht nur die Vorteile einer strengen Lohnpolitik und eine bevorzugte Stellung auf dem gesamten lateinamerikanischen Markt wahrnehmen, sondern dort auch eine Art Monopolstellung genießen. Diese konnten wir in der Nachrichtentechnik, Elektromedizin und der Energietechnik, bei Bauelementen und Glühlampen (Osram) erobern. Unsere Wasserkraft-Generatoren in den größten Kraftwerken Brasiliens beschleunigen die industrielle Erschließung des Landes und den Abbau der Rohstoffe gerade auch von deutschen Firmen. Da die gegenwärtige Regierung der Militärs, die die Gewerkschaften weitgehend ausgeschaltet hat, für Brasilien und für uns wirtschaftlich sehr erfolgversprechend arbeitet, gehen wir verstärkt dazu über, sie bei ihrer Verteidigung gegen Guerillas und andere Oppositionskräfte zu unterstützen, z. B. durch die elektronische Ausrüstung von Spezialbooten mit hochwertigen Sonderanlagen zum Küstenschutz und für die Freihaltung der bedrohten Schiffahrtswege. Diese Spezialboote kann Brasilien auch in seiner Funktion als Ordnungsmacht gebrauchen – zur Kontrolle seines unruhigen Nachbarn Uruguay.

In Mittelamerika stützen wir uns in erster Linie auf *Mexiko*. Von hier aus dringen wir vor allem mit unserer Fernschreiberproduktion auf den lateinamerikanischen Markt vor. Weitere Fabriken befinden sich in *Kolumbien* und *El Salvador*, außerdem betreiben wir Werkstattfertigungen in *Peru, Chile, Uruguay, Nicaragua* und *Venezuela*. In diesen und anderen kleinen Ländern Südamerikas dominiert bereits das Siemens-Know-How, halten wir auf mehreren Gebieten überragende Marktanteile.

Wir und Afrika

Unsere größte ausländische Zweigniederlassung steht in einem Land, dessen Wirtschaftskraft, dessen politischem Schneid und dessen Mentalität wir seit über 75 Jahren verbunden sind – *Südafrika*. Wir finden in diesem Paradies der Investoren unsere wichtigste Stütze auf dem afrikanischen Kontinent, die Südafrikaner sehen in uns ihren größten Partner in der Elektrotechnik. Die fast unerschöpflichen Rohstoffquellen, die vorteilhaften Arbeitsgesetze, die billigen Arbeitskräfte – der schwarze Arbeiter ist auch bei gleicher Arbeit immer noch mit einem Fünftel vom Lohn des weißen Arbeiters zufriedenzustellen – und unsere guten Beziehungen zur einheimischen Industrie haben uns auf allen unseren Arbeitsgebieten einen großen Vorsprung und äußerst hohe Erträge gesichert. Fast das gesamte Fernschreibnetz Südafrikas und der Aufbau des automatischen Fernmeldewesens gingen auf unsere Rechnung. Wir sind ständig am Bau von Kraftwerken, Stahl- und Walzwerken beteiligt, am Schiffbau sowie an zahllosen Projekten, die z. T. über Beteiligungsgesellschaften laufen, die ihrerseits wieder südafrikanische Tochtergesellschaften betreiben. Die Fülle der Aufträge gibt uns Gelegenheit, unsere sechs Fertigungsstätten zügig zu erweitern. Wir können es nur begrüßen, wenn sich die deutsche Industrie immer mehr in Südafrika engagiert (derzeit über 300 Unternehmen). Denn es sähe wahrlich finster aus auf dem schwarzen Kontinent, wenn es in dessen Süden nicht eine Regierung mit starker Hand gäbe, die die Voraussetzungen für unser aller Wohlstand zu schaffen und zu erhalten weiß.

Doch die Industrie darf sich, wenn sie sich diesen sorgenbeladenen Kontinent bewahren will, nicht damit begnügen, allein in der Wirtschaftsoase Südafrika tätig zu sein. Deshalb sind auch wir bald nach Ausbruch revolutionärer Unruhen in den portugiesischen Überseeprovinzen *Mozambique* und *Angola* aktiv geworden. Wir taten das zugegebenermaßen nicht aus reiner Freude am Risiko, sondern weil wir der Meinung sind, daß der frische Wind der modernen Technik immer noch das beste Mittel gegen unterentwickelte Verhältnisse ist. Um die Erfüllung dieser Mission zu erleichtern, hat Portugal für seine Provinzen ausländischen Investoren u. a. volle Steuerfreiheit bis zu 10 Jahren garantiert. In Angola sind wir erst durch ein Konsortium zur Entwicklung von Eisenerzgruben und indirekt über Beteiligungsgesellschaften (u. a. Urangesellschaft) am Werk. In Mozambique dagegen nehmen wir an dem zukunftsträchtigsten Investitionsprojekt des südlichen Afrika teil, am Bau des Staudamms und Kraftwerks Cabora Bassa, ein Projekt, das unverständlicherweise sehr viele Gemüter erregt hat.

Da die Kritik an diesem unseren Engagement bis heute nicht verstummen will, sollen hier, in der gebotenen Kürze, unsere guten Gründe für diesen Bau wiederholt werden. Die Fakten: Gemeinsam mit französischen, südafrikanischen, italienischen und portugiesischen Firmen erstellen fünf deutsche Unternehmen (außer uns AEG, BBC, Hochtief und Voith) den größten Damm und die größte Energiequelle Afrikas. Der deutsche Anteil an diesem Auftrag im Wert von 2 Mrd DM beläuft sich auf ca. 700 Mio DM. Wir erhalten die Gelegenheit, in einem bisher nicht gekannten Ausmaß neue, mit 16 Mio DM-Hilfe der Deutschen Forschungsgemeinschaft entwickelte Techniken anzuwenden – eine Hochspannungs-Gleichstrom-Übertragung in einer Länge von 1 400 km! – und dürfen uns davon beträchtliche Anschlußaufträge versprechen.

Abgesehen davon, daß uns dieses Projekt wahrscheinlich nicht gerade Verluste bringen wird, motivieren uns eine Reihe von allgemeineren sozialen Folgen zur Mitarbeit, die ohne die ideologische Brille gesehen werden müssen, weil sie nichts mit Politik zu tun haben: Wir schaffen verbesserte Infrastrukturen und somit Voraussetzungen für die Nutzung südafrikanischer, rhodesischer, malawischer und mozambiquischer Bodenschätze – was vor allem für das devisenarme und mit Verteidigungsaufgaben überlastete Portugal eine Lebensfrage ist. Wir dienen auch der deutschen Industrie, indem wir ihr den Weg zu wichtigen Rohstoffen ebnen. Ebenso der eng mit uns verbundenen südafrikanischen Industrie, an die bereits die erfolgversprechendsten Schürfrechte rund um den Damm vergeben wurden. Wir schaffen somit ein Bauwerk mit langfristigen humanitären und sozialen Wirkungen nicht zuletzt für die Länder, mit denen wir unsere guten Geschäftsbeziehungen zu erhalten und zu erweitern wünschen; und niemand, der auch nur eine leise Ahnung von wirtschaftlichen Gegebenheiten hat, sollte sich darüber erregen, daß wir in diesen unseren Partnern Portugal und Südafrika die stärksten Garanten der westlichen Zivilisation sehen, Garanten auch für unternehmerische Freiheit in einem noch unstabilen Kontinent. Und noch ein menschliches Argument: In Mozambique gibt es die herrlichsten Golfplätze der Welt, die sich zumindest die Golfspieler unter unseren Führungskräften auch langfristig zu erhalten wünschen.

Wir sorgen deshalb mit für die Aussiedlung Eingeborener und die Ansiedlung von möglicherweise einer Million Europäer im Sambesital, die den Portugiesen die Begründungen für die Zerschlagung der Buschkämpfer der sogenannten »Frelimo«-Bewegung erleichtern werden. Wir sorgen mit dafür, daß südafrikanische Truppen am militärischen Schutz der Dammanlagen und Leitungen teilnehmen und damit die Allianz zwischen Südafrika, Rhodesien und Portugal und ihre gemeinsame Vorwärtspolitik intensivieren. Wir teilen schließlich die Erwartung der Portugiesen, daß ein für viele Länder und Firmen noch ertragreicheres Mozambique die internationalen Bemühungen um die Aufrechterhaltung der gegenwärtigen Ordnung in diesem Gebiet bedeutend verstärken wird – wobei wir bereits auf unseren bescheidenen Anteil in Form der von Blohm + Voss gebauten Anti-Guerilla-Flußkampfschiffe verweisen dürfen.

Und unseren allzu ängstlichen Kritikern dürfen wir sagen, daß unsere Unternehmerrisiken äußerst begrenzt sind. Denn neben der Gewährung eines Exportkredits in Höhe von 286 Mio DM bürgt die Bundesrepublik mit 404 Mio DM gegenüber uns und den anderen deutschen Firmen für den Tag, an dem der Damm wider Erwarten in schwarzafrikanische Hände fallen sollte. Und selbst dann werden die Schwarzen von dem Damm nicht profitieren können, wenn sie sich nicht mit der Südafrikanischen Republik arrangieren – da die Kraftwerke vorerst nur dann wirtschaftlich arbeiten werden, wenn Südafrika ihr Hauptabnehmer mit 70 % bleibt. Kurz, wir leisten einen gewichtigen Beitrag zur Stabilisierung wirtschaftlicher, sozialer und politischer Verhältnisse in gesamt Südafrika.

Gegenüber diesem gewaltigen Projekt nehmen sich unsere anderen afrikanischen Aktivitäten freilich unscheinbar aus. Dennoch ist die Tatsache, auch in Ländern wie *Äthiopien, Algerien, Kenia, Kongo, Marokko, Nigeria* und *Tunesien* immer mehr ins Geschäft zu kommen, nicht nur eine Bestätigung für den multinationalen Charakter unseres Hauses, sondern zugleich ein Zeichen unseres Bemühens, Märkte der Zukunft schon heute zu sichern.

Der asiatische Markt ist vergleichsweise noch wenig von uns erschlossen. Das hängt zum einen damit zusammen, daß wir hier manches unsern japanischen Partnern überlassen, zum anderen aber auch damit, daß uns von dem riesigen asiatischen Raum nur ein kleiner Teil offensteht.

Unser größter vorderasiatischer Stützpunkt ist der *Iran*. Das niedrige Lohnniveau, die minimale Steuerlast sowie die stabilen politischen Verhältnisse haben ein äußerst freundliches Investitionsklima geschaffen, das neuerdings zu einer starken Repräsentanz der deutschen Industrie im Iran führt. Neben Transformatoren fertigen wir vor allem Fernsprech- und Fernschreibgeräte, die dem Schah bei seinem schwierigen innenpolitischen Kampf gegen seine zahlreichen und oft uneinsichtigen Gegner tatkräftig unter die Arme greifen. Die häufigen wechselseitigen Besuche zwischen dem Monarchen bzw. seinen Ministern und unseren Experten und die kaiserlichen Auszeichnungen hoher Siemens-Mitarbeiter legen von der guten Zusammenarbeit ein ebenso beredtes Zeugnis ab wie unsere Partnerschaft mit persischen Unternehmungen. Auch im Iran leisten wir Siemens-Entwicklungshilfe – mit unserem bisher größten Trainingscenter für Fernsprechtechnik.

Mit drei Fabriken und über 4 000 Mitarbeitern unterhalten wir in *Indien* ebenfalls eine große Auslandsgesellschaft, die seit nunmehr 105 Jahren besteht. Zwar sind in diesem Land, in dem etwa jeder zweite Bewohner mit einem Monatseinkommen unter 20 DM auskommen muß, der Kaufkraftverbesserung und damit dem Expansionstempo gewisse Grenzen gesetzt. Auf der anderen Seite bietet jedoch die Partnerschaft bei Investitionen meist marktbeherrschender indischer Firmen, die entweder Amerikanern oder einigen indischen Familien anvertraut sind, eine Gewähr für gute Gewinne. Deshalb sind wir hier in erster Linie in den Bereichen Energietechnik und Installationstechnik tätig – und nicht zuletzt auf dem Musikmarkt. Gegenüber der Vormachtstellung der US-Industrie hoffen wir uns mit unserer soliden Technik zu behaupten, die wir u. a. in unserer Musterwerkstatt Bombay den Indern vermitteln.

Mit der Zunahme kommunistischer Aktivitäten in *Pakistan* haben auch wir, im Verein mit der Entwicklungshilfe der Bundesrepublik und der Weltbank, unsere Hilfe in diesem Land verstärkt, das aus der Bundesrepublik mehr Elektrogeräte bezieht als aus jedem anderen Land der Welt. Wir sind am Ausbau des Stromnetzes, am Bau von Kraftwerken, an der Ausrüstung der größten Flughäfen und mehrerer Fabriken beteiligt. Im ökonomisch günstigeren Ostpakistan, dem jetzigen *Bangla Desch*, unterhalten wir mehrere Fertigungsstätten (vgl. S. 56).

Immer lebhafter gestalten sich unsere Beziehunngen auch im südostasiatischen Raum, besonders im wiedererstarkten *Indonesien* General Suhartos, wo wir u. a. zusammen mit der indonesischen Postverwaltung eine Telefonfabrik betreiben. Der wegen seiner Mini-Löhne, seiner disziplinierten und fleißigen Bewohner interessante Stadtstaat *Singapur* ist uns als Fertigungsstandort besonders wertvoll. Natürlich sind wir auch in *Südkorea*, in *Malaysia* und auf den *Philippinen* nicht untätig. Und auch in *Australien* und *Neuseeland* hat unser Name einen guten Klang.

Mit Japan, dem bedeutendsten Elektromarkt Asiens, haben wir unsere traditionelle Zusammenarbeit in den letzten Jahren weiter vertiefen können. In der Nachrichtentechnik verbindet uns eine enge Partnerschaft zur Firma Fujistu, in der Meßtechnik arbeiten wir mit der bekannten Fuji Electric zusammen. Beide Firmen haben schon 1968 für rund eine Milliarde DM nach Siemens-Technik gefertigte Geräte verkauft! Daneben haben sich Siemens-Japan und die Nippon Grammophon (von der unsere Polygram 50 % hält) selbständig auf diesem wichtigen Markt etablieren können. Immer interessanter werden auch die Möglichkeiten einer noch stärkeren internationalen Kooperation – insbesondere in der Datentechnik und Energietechnik –, um den finanziellen und politischen Gegebenheiten des Weltmarkts und den Notwendigkeiten seiner optimalen Aufteilung Rechnung zu tragen.

Unser Beitrag zur Rohstoffgewinnung

Ein Haus mit der technischen Vielfalt wie das unsere muß im Interesse seiner Zukunftssicherung auch darauf bedacht sein, immer neue Rohstoffquellen zu erschließen oder sich wenigstens an deren Aneignung zu beteiligen. Deshalb sind wir seit vielen Jahren über die gemeinsam mit der Deutschen Bank und der Allianz Versicherung betriebenen Allgemeinen Verwaltungsgesellschaft für Industriebeteiligungen mit 30 % an der mit Abstand größten deutschen Rohstoffirma, der Metallgesellschaft AG (Weltumsatz 5 Mrd DM), beteiligt. Im Aufsichtsrat dieses Unternehmens, dem auch der erfahrene Dr. Abs zur Verfügung steht, ist unser Dr. Hans Kerschbaum stellvertretender Vorsitzender. Die Metallgesellschaft hat in den 60er Jahren nicht nur ihre Marktanteile bei allen Nichteisen-Metallen beträchtlich erhöhen, sondern auch eine stattliche Zahl neuer ausländischer Lagerstätten erwerben können.

Da der Staat erkannt hat, wie lebensnotwenig diese Initiativen der Privatindustrie sind, pflegt er mehr und mehr die Risiken dieser Geschäfte zu übernehmen. So trägt er uns z. B. bei der Uranprospektion 75 % der Kosten, die selbst bei Fündigkeit nicht rückerstattet werden müssen, wenn diese Subventionen erneut investiert werden. So kann die deutsche Industrie ihren lange verloren geglaubten Einfluß auf die Rohstoffmärkte der freien Welt endlich wieder geltend machen. Die Metallgesellschaft und ihre 42 Beteiligungsgesellschaften (darunter die Urangesellschaft mbH, Norddeutsche Affinerie und Lurgi GmbH) stehen dabei in vorderster Front. Das zeigt vor allem der Kampf um die für uns zur Lebensfrage gewordenen Uranvorkommen, die wir vor allem in Kanada, in den USA, in Niger, Somalia, Zentrallabrador, Angola, Mozambique, in Südwestafrika, Südafrika und Australien prospektieren bzw. ausbeuten. Aber auch die weltweiten Geschäfte mit Kupfer, Blei, Zink, Chrom, Nickel, Wolfram, Platin, Flußspat, Asbest und Graphit kommen uns zugute. Und selbst im zukunftsträchtigen Tiefseebergbau haben wir über die Metallgesellschaft wie über Messerschmidt-Bölkow-Blohm gleich zwei Eisen im Feuer.

Unsere Öffentlichkeitsarbeit

> »Heute und künftig hat die Kommunikation einen entscheidenden Beitrag für den Bestand der freien Gesellschaft und für das Gedeihen der Wirtschaft zu leisten. Die dabei zu lösenden Teilaufgaben sind vielfältig wie die Beziehungen eines Unternehmens mit seiner Umwelt.«
>
> Georg Letz, Leiter der Abteilung Firmenwerbung

Selbst multinationale Unternehmen wie unser Haus können sich, wenn sie führend bleiben wollen, nicht allein auf ihre überzeugende Technik, ihre weltweite Produktion und ihren schlagkräftigen Vertrieb verlassen. Je mehr das Auseinanderleben zwischen den Kräften der Wirtschaft und der Masse der Konsumenten fortschreitet, desto mehr bedarf es kommunikativer Arbeit, um das Verständnis für unsere Ziele und das Vertrauen in die Leistungsfähigkeit unseres Hauses zu stärken. Dabei fällt den großen Firmen die Aufgabe zu, zugleich mit ihrer vielfältigen Aufklärungs- und Öffentlichkeitsarbeit auch die Werbung für unsere gesamte Wirtschafts- und Gesellschaftsordnung voranzutreiben.

Unsere Bilanzoptik

Eine der vornehmsten und diffizilsten Aufgaben dieser Art kommt Jahr für Jahr mit der Aufstellung der Bilanzen und der Gewinn- und Verlustrechnungen auf uns zu. Bekanntlich stellen die Aktiengesellschaften insgesamt drei Bilanzen auf: eine streng vertrauliche Rohbilanz für den Hausgebrauch, eine Steuerbilanz für die Finanzämter sowie die für die Öffentlichkeit bestimmte Handelsbilanz mit der Gewinn- und Verlustrechnung. Jede dieser Bilanzen hat einen anderen Zweck. Der Zweck der veröffentlichen Handelsbilanz liegt vor allem darin, den guten Namen und die Solidität des Hauses vor Banken, Aktionären, Presse und Mitarbeitern mit Zahlen zu belegen. Diese Bilanz und die ihr zur Seite gestellte Gewinn- und Verlustrechnung haben also – selbstverständlich im Rahmen aktienrechtlicher und steuerrechtlicher Möglichkeiten – in erster Linie kommunikative und optische Funktionen, weshalb man oft von der »Bilanzoptik« spricht.

Die Kunst des Bilanzierens muß sich an zwei Zielgruppen orientieren. Sie muß diejenigen Institute und Personen, die mit wirtschaftlichen Gegebenheiten vertraut sind, von der soliden Expansion, Kapitalkraft und finanztechnischen Geschicklichkeit unseres Hauses überzeugen. Zweitens sollte die Bilanz diejenigen Personen, die sich in der Komplexität unserer Wirtschaft nicht zurechtfinden, vom Schicksal maximaler Risiken und minimaler Gewinne überzeugen. Beide Aufgaben – für die einen Ertragsstärke, für die anderen Ertragsschwäche zu beweisen – laufen auf den selben Bilanzgrundsatz hinaus: die Gewinne dahin zu verstecken, wo sie der Laie nicht vermutet, wo sie aber der Fachmann zu finden weiß.

Wie wir dabei vorgehen, soll an der Gewinn- und Verlustrechnung für das letzte abgeschlossene Geschäftsjahr (1970/71) gezeigt werden.

Allerdings können wir hier nicht alle bilanzanalytischen Varianten durchspielen, sondern nur einen sehr groben Überblick geben.

Die Siemens AG und 97 ihrer in- und ausländischen Gesellschaften erreichten eine Gesamtleistung von 14 980 Mio DM. Dazu kamen Erträge aus weiteren Beteiligungen, anderen Finanzanlagen, Zinsen usw. in Höhe von 233 Mio DM und Sonstige Erträge (darunter Kursgewinne bei Rückzahlung von Währungsschulden, umsatzsteuerliche Berlinvergünstigungen und Bundeszuschüsse für unsere Forschung) von 446 Mio DM. Diesen insgesamt 15 659 Mio DM stehen an Aufwendungen gegenüber: Für Roh-, Hilfs- und Betriebsstoffe sowie für bezogene Waren wurden 6 628 Mio DM aufgewandt – wobei diese Summe durch mögliche Unterbewertung der Materialbestände evtl. höher liegt als sie liegen könnte. Für Löhne und Gehälter, inclusive 12,2 Mio DM für Vorstand und Aufsichtsrat, zusammen 4 811 Mio DM. Nebenbei: Trotz des ungeheuren Lohndrucks liegen die Löhne und Gehälter immer noch relativ niedriger als vor 10 Jahren, als wir 35,5 % des Inlandsumsatzes an die Belegschaft auszahlen mußten – während wir heute nur 32,7 % des Weltumsatzes und 33,5 % des Inlandsumsatzes direkt für die Mitarbeiter ausgeben.

Es bleibt also ein Betrag von 4 220 Mio DM, der unseren Bilanzexperten zur Verfügung steht. Davon fielen auf Abschreibungen (Aufwendungen für die Abnutzung der Maschinen und Gebäude innerhalb des einen Jahres) 603 Mio DM. Da diese Kosten jedoch in etwa um ein Drittel über der realen Abnutzung liegen, bleiben uns hier mindestens 201 Mio DM als zinsloser Steuer-Kredit. Auch die Abschreibungen auf Finanzanlagen (die u. a. das Entwicklungshilfe-Steuergesetz gestattet; außerdem haben wir für alle Fälle unser Investment in Bangla Desh voll abgeschrieben) konnten mit 15 Mio DM wenigstens um 50 % überbewertet werden, es bleiben uns also ca. 8 Mio DM.

Obwohl wir im vergangenen Jahr 120 Mio DM an Pensionen ausgezahlt haben, konnten wir dem steuerlich zulässigen Jahresbetrag entsprechend 371 Mio DM verbuchen, also weitere 251 Mio DM im Hause behalten. Bei dem mit 351 Mio DM dotierten Posten Zinsen und ähnliche Aufwendungen handelt es sich großenteils um Zinsen für Kredite, also um das Entgelt für finanzielle Vorleistungen unserer Banken, das wir mehr oder weniger als notwendige Aufwendung zu betrachten haben. Bei den Aufwendungen aus Verlustübernahme von nicht konsolidierten Beteiligungsgesellschaften (8 Mio DM) handelt es sich lediglich um Buchverluste. Die 7 Mio DM-Einstellung in Sonderposten stellt ebenfalls keine echte Ausgabe dar.

Die Sonstigen Aufwendungen haben wir diesmal auf 1 648 Mio DM erhöhen können. Sie enthalten neben verschiedenen Rückstellungsbildungen für meist sehr hoch angesetzte Risiken gewisse Ausgaben für Werbung und Vertrieb, vor allem aber Repräsentationsausgaben (Dienstvillen, Dienstwagen, Messen und zahllose andere Spesen) sowie Zuwendungen an Verbände und Organisationen. Streng genommen ist allenfalls die Hälfte dieses Betrages, also rund 842 Mio DM, wirklich für Produktion und Absatz von Bedeutung. In unsere Rechnung haben wir schließlich den ausgewiesenen Jahresüberschuß in Höhe von 221 Mio DM einzubeziehen, der für die Dividende und Rücklagen verwendet wird.

Während also neben den Material- und Personalkosten ca. 1,722 Mrd DM als notwendige Aufwendungen zu bezeichnen sind, ohne die ein Geschäftsbetrieb in unserer Wirtschaftsordnung nicht aufrecht zu erhalten wäre, konnten wir die stattliche Summe von nicht weniger als ca. 1,539 Mrd DM erreichen, die uns unmittelbar zur inneren und äußeren Stärkung des Hauses und seiner Eigentümer zur Verfügung stand und steht.

Den restlichen Betrag von knapp 1 Mrd DM mußten wir an verschiedene staatliche Institutionen abgeben, die diese Gelder jedoch letztlich wieder in unserem Interesse verteilen – sei es allgemein zur Stärkung unseres Wirtschaftssystems, also zur Aufrechterhaltung von Ruhe und Ordnung und optimalen Produktionsbedingungen, sei es zur Finanzierung von Subventionen, Rüstungsaufträgen, Infrastruktur, Gesunderhaltung der Arbeitskräfte usw. Diese Summe setzt sich zusammen aus 375 Mio DM Steuern, aus 8 Mio DM Lastenausgleichs-Vermögensabgabe und aus Sozialen Abgaben in Höhe von 576 Mio DM. Hier handelt es sich weitgehend um den von den Gewerkschaften ertrotzten Arbeitgeber-Pflichtanteil für die Sozialversicherungen, den wir lieber zum Personalaufwand rechnen, während er statistisch leider Gottes zu den staatlichen Abgaben zählt.

Halten wir noch einmal fest: Durch Ausschöpfung aller aktienrechtlichen und steuerrechtlichen Möglichkeiten gelang es, einen Betrag von mehr als 1,5 Mrd DM, der im Bereich des Siebenfachen des ausgewiesenen Jahresüberschusses liegt, zur Stärkung des Hauses und seiner Geldgeber zu verbuchen und damit sowohl den Forderungen der Kleinaktionäre wie dem gewerkschaftlichen und linksdemagogischen Anspruchsbereich zu entziehen.

Und ein anderer erfreulicher Aspekt: Wenn wir diese 1,5 Mrd DM in Beziehung setzen zu dem eingesetzten Kapital von 6,8 Mrd DM (Grundkapital, Rücklagen, Rückstellungen), dürfen wir feststellen, daß wir allein im letzten Geschäftsjahr fast 23 % dazuverdient haben – freilich »unsichtbar«, da der größte Teil dieser Gelder bereits ausgegeben oder wieder investiert wurde und weiter für uns arbeitet. Und wenn wir weiterhin gewisse Unwägbarkeiten einbeziehen wie die mögliche Überbewertung der Zinsen (durch versteckte Zinsen auf eigene Rückstellungen) oder die mögliche Unterbewertung unsere Bestände bei der Festlegung der Aufwendungen für Roh-, Hilfs- und Betriebsstoffe bis zu 3 oder gar 5 %, was einer Stärkung um eine weitere viertel Milliarde gleichkäme, werden die Dimensionen einer geschickten Bilanzierung einigermaßen deutlich.

Noch ein Wort über unsere Investitionen. Im Geschäftsjahr 1970/71 haben wir insgesamt 916 Mio DM investiert. Vier Fünftel dieses Betrages, 737 Mio DM, flossen uns durch steuerliche Abschreibungen und Abgänge zu, so daß wir nur ein Fünftel unserer Investitionen selbst finanzieren mußten. Damit ist unser wirtschaftspolitisches Argument, daß Investitionen aus Gewinnen finanziert werden müssen, noch nicht völlig ohne reale Grundlage.

Ebenso wie wir hoffen, den Schein eines minimalen Gewinns zu wahren, so kommt es darauf an, die Größe und Vielfalt unseres Unternehmens nicht allzu deutlich werden zu lassen und optisch lieber auf seine kleinste Größe zu reduzieren. So tauchen all die nicht konsolidierten Beteiligungsgesellschaften, von denen wir Anteile bis zu 50 % besitzen, in der Bilanz nur bescheiden unter Beteiligungswerten (342 Mio DM) auf. Darunter sind so bedeutende Töchter wie die Kraftwerk Union AG (Umsatz 522 Mio DM) und die Transformatoren Union AG (Umsatz 340 Mio DM), die wir mit der AEG zu je 50 % halten. Unser großartiges Musikgeschäft (Umsatz 1 Mrd DM), das wir mit Philips betreiben, ist ebenso wenig erfaßt wie die Aktivitäten der Osram-Gruppe (Umsatz 830 Mio DM) und der Bergmann-Gruppe (1 Mrd DM), die beide faktisch von unserem Haus beherrscht werden. Weiterhin fehlen so wichtige Beteiligungen wie Blohm + Voss, Interatom, Sigri und die Allgemeine Verwaltungsgesellschaft für Industriebeteiligungen, die an der Gruppe Metallgesellschaft beteiligt ist. Zwar sind deren Reingewinne, soweit sie uns zustehen, als Erträge in unserer obigen Rechnung berücksichtigt, aber nicht deren reale Ertragskraft.

Unsere traditionell vorsichtige Bilanzierungspolitik dient aber auch der wirtschaftspolitischen Auseinandersetzung unserer Tage. Wenn immer die Kostenlawine rollt, die wir, wo immer der Markt eine Chance läßt, durch Preiserhöhungen weitergeben, verweisen wir mit unseren Bilanzen auf den Ernst der Lage. Wenn die Personalaufwendungen überdurchschnittlich steigen, helfen unsere Zahlen und im Notfall Dividendenkürzungen zur ernsten Mahnung, den Bogen nicht zu überspannen. Und wenn ein Geschäftsjahr wie das letzte zum Jahr des Kampfes um den Ertrag wird, das uns immerhin die bewußten 1,5 Mrd DM sicherte, geben wir der Wirtschaftspresse Anlaß, über den Rückgang unserer Gewinne zu meditieren – während wir unermüdlich für die innere und äußere Konsolidierung und die internationale Konkurrenzfähigkeit arbeiten. Deshalb ist unsere erfolgreiche Bilanzoptik eine der wichtigsten Grundlagen unserer Öffentlichkeitsarbeit. Sie soll unseren Freunden Argumente liefern, unseren Gegnern die Argumente aus der Hand schlagen und uns ein möglichst ungestörtes weltweites Wachstum sichern.

Unsere Aktionäre

Über 300 000 Menschen – etwa so viel wie unsere Belegschaft – sind Eigentümer unseres Hauses. Ihrem Vertrauen in die Ertragskraft des Unternehmens danken wie die 1 189 Mio DM, die uns derzeit als Grundkapital zur Verfügung stehen. 90 % dieser unserer Aktionäre sind Deutsche, etwa ein Drittel von ihnen ist in Bayern zuhause.

Unsere Aktien sind breit gestreut, was nichts an der Tatsache ändert, daß 0,2 % unserer Aktieninhaber über 48,2 % des inländischen Aktienbesitzes verfügen. Darunter sind vor allem die Deutsche Bank und die Allianz-Versicherung mit größeren Paketen vertreten. Allein 13,3 % gehören, wie nicht anders zu erwarten, der Siemensschen Vermögensverwaltung, die 75 Familienmitglieder umschließt. Diese Familienaktien sind Vorzugsaktien, die ihren Inhabern in allen entscheidenden Fragen das sechsfache Stimmrecht garantieren, so daß sowohl die bewährten Traditionen als auch das zielsichere Fortschreiten des Hauses gewährleistet bleiben. Über den Aufsichtsratsvorsitz (Peter von Siemens) wahrt die Familie, von der vier Männer im Hause aktiv sind, ihren Einfluß auf die Geschäftspolitik.

Die Garantie dieser Kontinuität und die Verantwortung des Erbes läßt sich die Familie nur bescheiden honorieren. Von den 154 Mio DM (bzw. 1 298 Mio), die zuletzt (bzw. in den letzten 10 Jahren) als Dividende ausgeschüttet wurden, konnte sich die Familie nur 19,9 Mio (172 Mio) gutschreiben lassen – jeder einzelne im Durchschnitt ca. 265 000 DM (2,3 Mio DM). So erhalten die Familienmitglieder einen gewissen Grundstock für weitere Unternehmungen (Wertpapiere, Immobilien, Getränkebranche) und ein ihrem Namen entsprechendes Auskommen, das sie instand setzt, ohne Dünkel auch über soziale Schranken hinwegzusehen, wie es etwa einer der jungen Erben, Pier Caminneci, von sich berichtet: »Ich habe nichts dagegen, auch einen Wursthändler einzuladen, mit dem ich am Abend vorher gepokert habe. Solch ein Mann ist dann auf meiner Party ein großer Erfolg.«

Geführt von der Familie und der Deutschen Bank, ist und bleibt die Siemens AG eine große und populäre Publikumsgesellschaft. Auch wenn 93,1 % der inländischen Aktionäre nur 22,4 % der Aktien besitzen, so sollte man daraus keine falschen Schlüsse ziehen. Die Aufgabe dieser guten Bürger – seien sie Mitarbeiter oder Hausfrauen, Ärzte oder Pensionäre – besteht ja allein darin, das Haus mit Kapital zu versorgen und ihr Stimmrecht nach Möglichkeit den mit der Unternehmensleitung verbundenen Banken zu überlassen. Schon Georg von Siemens, der erste Direktor der Deutschen Bank, hat sich in einer Reichstagsrede im Jahre 1900 leidenschaftlich für die Ausgabe von Aktien mit kleinem Nennwert und für ihre breite Streuung eingesetzt. Sein Grundgedanke, den später Dr. Abs popularisiert hat – das Kapital breiter Kreise der Großindustrie verfügbar zu machen und jene Kreise einerseits dem komplexen Entscheidungsprozeß fernzuhalten, andererseits dem privatwirtschaftlichen System enger zu verbinden –, bleibt auch heute noch die Richtschnur unserer Vermögens- und Beteiligungssysteme (vgl. Unsere Mitarbeiter, S. 91).

Für diesen Dienst schulden wir den Kleinaktionären besondere Aufmerksamkeit. Zu ihrer befriedigenden Information gehört neben der Dividendenbekanntmachung ein farbenfroher, bilderreicher und mit technischen Mitteilungen ansprechend zubereiteter Geschäftsbericht. Den wenigen, die ihre besondere Treue zum Hause bekunden und zu den Hauptversammlungen erscheinen – weniger als 1 % aller Aktionäre –, müssen wir diese Stunden so angenehm wie möglich machen. Dazu brauchen wir informative Filme und die wenigen Opponenten mit ihren mitunter launigen und belebenden Beiträgen ebenso wie – als Entschädigung für die nüchternen Zahlen – charmante Platzanweiserinnen, gefällige Blumen am Podium und einen verantwortungsbewußt zwischen goldbemalten Orgeln sitzenden Vorstand. Das wichtigste aber ist das Gefühl der Aktionärsdemokratie und der Zusammengehörigkeit, das sich u. a. in der 99,9 prozentigen Zustimmung zu unserer Unternehmenspolitik niederschlägt.

Selbstverständlich brauchen wir die Hauptversammlungen auch zur politischen Information und Demonstration. Z. B. sprechen wir gegen die Pläne zur Fusionskontrolle und zur Steuerreform, gegen den selbstzerstörerischen Reformperfektionismus, gegen die Mitbestimmungsanmaßung der Gewerkschaften, gegen die Feinde der Marktwirtschaft und gegen die Anbiederung an scheinbar progressive Systeme. Wenn sich neuerdings eine ganz, ganz kleine Minderheit von Aktionären, die nicht begreifen wollen, daß Wirtschaft und Politik oder gar Ideologie nichts miteinander zu tun haben, das gleiche Recht der freien Rede herausnimmt und für ihre Zwecke mißbraucht, ohne zu sehen, daß solche Agitation bei uns und bei 99 % der Aktionäre überhaupt nicht ankommt, werden wir auch in Zukunft das Rederecht einschränken und wie gehabt mit Hilfe der Polizei den Frieden unseres Hauses aufrecht erhalten. Wir machen uns auch Gedanken darüber, wie einer rigorosen Ausnutzung des Aktionärsfragerechts noch reibungsloser entgegengewirkt werden kann.

Unsere Finanzpolitik

Bei den komplizierten Aufgaben der Finanzierung eines Weltunternehmens kommt es mehr und mehr darauf an, die finanziellen Privilegien extensiv zu nutzen, die uns die öffentlichen Hände anbieten. Welche reizvollen Möglichkeiten wir heute neben den traditionellen Finanzierungsmethoden haben, sollen einige Beispiele aus der Praxis mit Finanz- und kommunalen Behörden zeigen.

Besonders interessant sind unsere mit steigendem Umsatz geringer werdenden Steuerzahlungen – 1969 : 496 Mio DM, 1970 : 381 Mio, 1971 : 375 Mio. Während der Umsatz in den letzten drei Jahren um 41% stieg, konnten wir 24% weniger Steuern zahlen als 1969! Auch langfristig gesehen wird der Trend für uns immer günstiger. 1961/62 mußten wir noch 5,7% vom Weltumsatz für Steuern ausgeben, heute sind es nur noch 2,6%. Im einzelnen haben wir etwa durch die Fusion von vier unserer Gesellschaften mit der Siemens AG im Geschäftsjahr 1969/70 rund 165 Mio DM Steuern sparen können. Auch die Übertragung unserer Anteile an MBB auf die uns zu einem Drittel gehörende Fides-Industrie-Beteiligungsgesellschaft mbH erfolgte aus steuerlichen Motiven. Fides verfügt mit 25% über eine Schachtelbeteiligung an MBB und kann deshalb ihre Erträge jetzt steuerfrei beziehen und, soweit sie uns zustehen, an uns weiterleiten. Nicht zuletzt sei erwähnt, daß wir, wie jedes Unternehmen, durch legal verspätete Steuerzahlung jährlich Millionen von DM an Zinskosten sparen.

Bei der Standortplanung in der Bundesrepublik kommen uns die verständlichen Wünsche der Städte und Gemeinden nach Arbeitsplätzen und Gewerbesteuern sehr entgegen. So konnte unsere Tochter Osram in Berlin ein neues Werk für 40 Mio DM vollständig aus öffentlichen Mitteln finanzieren. Für 18,6 Mio DM mußte der Berliner Senat der Osram das alte Werk abkaufen, aus Sonderabschreibungen flossen der Tochter 15 bis 16 Mio DM zu, 5 Mio DM kamen als Investitionszulage hinzu, und der geringe Rest wurde dem Marshallplan-Fonds entnommen, mit 4 % Zinsen für 10 Jahre. Die Anspielung auf die mögliche Abwanderung von Berlin genügte, um diese Millionensummen zu sichern.

Nicht viel schlechter sind die Verhältnisse in unserer Hauptstadt

München, der wir jährlich ca. 20 Mio DM Gewerbesteuer zahlen und damit über einen entsprechenden Goodwill verfügen. Als wir unsere neue Datentechnik-Zentrale planten, stellten wir die Münchner praktisch vor die Entscheidung: Wollt ihr, daß wir zum industriellen und wissenschaftlichen Ansehen der Stadt beitragen, oder wollt ihr, daß wir nach Bochum gehen? Obwohl wir uns im Ernst dort gar nicht niederlassen wollten, genügte diese Anspielung. So konnten wir von einer Wohnungsbaugesellschaft im Vorort Neu-Perlach ein 375 000 qm großes Gelände erwerben und brauchten nicht einmal die der hoch verschuldeten Stadt zustehende Grunderwerbssteuer in Höhe von 4,5 Mio DM zahlen.

Auch wenn, wie die »Zeit« richtig feststellte, für investitionsfreudige Unternehmen das Geld buchstäblich auf der Straße liegt, müssen wir teils mit Preiserhöhungen, teils mit Sparmaßnahmen ständig die Liquidität des Hauses aufbessern. Allein 500 Mio DM hoffen wir im Jahr 1972 durch Preiserhöhungen zu vereinnahmen. Durch Preisabsprachen (bei Waschmaschinen), etwas überdeutliche Preisempfehlungen (bei Schallplatten) und Industrieverkäufer (das sind Verkäufer unseres Hauses, die nur unauffällig als solche gekennzeichnet sind und in Kaufhäusern unsere Produkte an den Mann bringen) mindern wir das Unternehmerrisiko wenigstens so lange, wie von den entsprechenden Behörden kein Widerspruch erfolgt.

Andere Sparmaßnahmen seien hier als Beispiel dafür genannt, daß auch eine Weltfirma, die Milliarden-Umsätze macht, mit jedem Pfennig rechnen muß, auch wenn er von den eigenen Mitarbeitern kommt. Wenn wir beispielsweise nach der Ankündigung von Bierpreiserhöhungen Zehntausende von Bierkästen aufkaufen und nachher zum neuen höheren Preis an die Mitarbeiter verkaufen und damit die Kassen des Hauses um 1 DM pro Kasten Bier stärken. Wenn wir Broschüren wie »Begegnung mit Siemens«, die wir an Besucher des Münchner Siemens-Museums kostenlos verteilen, unseren Mitarbeitern für 5,50 DM anbieten.

Letztendlich gehört auch die Kurspflege unserer Aktien zum Finanzgeschäft. Nachdem wir im April 1972 die Bankexperten und Mitglieder Vereinigung für Finanzanalysen und Anlageberatung zu einem Informationsgespräch geladen und ihnen eine Gewinnsteigerung für 1972 und 1973 um je 10% versprochen hatten, zogen unsere Kurse sprunghaft an. Auch das Angebot unserer Optionsanleihe – für jeden Kenner ein todsicheres Geschäft – hat die Siemens-Euphorie an den Börsen und Bankschaltern Europas spürbar beeinflußt.

Unsere Informationspolitik

Voraussetzung einer sinnvollen Informationspolitik ist ein ständiger, guter Kontakt zu den Massenkommunikationsmitteln, insbesondere zur Presse. Unsere Zentralstelle für Information liefert ihr neben Erfolgsmeldungen aus der großen Siemenswelt stets gut präpariertes Material für die wirtschaftspolitische Auseinandersetzung unserer Tage. Nicht zuletzt dieses guten Service wegen werden die Verlautbarungen unseres Hauses von den Zeitungen fast jeder Couleur mit besonderem Respekt weitergegeben und kommentiert.

Zeitungen und Zeitschriften jedoch, die Negatives über uns berichten zu müssen meinen oder unser Haus als Konzern und nicht, unserer Regelung gemäß, als Haus bezeichnen, lassen wir die Kraft unseres Boykotts spüren. Als die Zeitschrift »Capital« beispielsweise über unsere Interventionen in Bonn zwecks Abbestellung von IBM-Computern und Bestellung von teureren Siemens-Computern berichtete, konnten wir nicht umhin, mit Anzeigenentzug zu drohen. Als die gleiche Zeitschrift über Verzögerungen beim Bau unseres Atomkraftwerks in Argentinien berichtete, sahen wir uns gezwungen, ihre Redakteure von unseren Pressekonferenzen auszuschließen. Noch entschiedener mußten wir nach der Aktion einiger Münchner Lehrlinge gegen unsere Ausbildung reagieren, als die Presse diese Vorfälle auszuschlachten drohte. Erst durch intensive Gespräche mit der »Abendzeitung« und der »Süddeutschen Zeitung« ist es gelungen, das Schlimmste zu verhüten. Der Chefredakteur einer anderen Zeitung, die als einzige im Aufmacher über die Lehrlingsaktion berichtet hatte, wurde bald darauf entlassen.

Solche Mißklänge werden jedoch mehr als ausgeglichen durch die Kommentare großer Zeitungen, die in unserem Sinne gewisse Überlegungen anstellen, die wir noch nicht so deutlich äußern möchten. So etwa die »Deutsche Zeitung/Christ und Welt«, die anläßlich unserer letzten Bilanz schrieb: »Der Trend zum ›profitlosen Kapitalismus‹, also zu einer Situation, in der sich die Enteignung nicht einmal theoretisch mehr lohnt, scheint unaufhaltsam zu sein, obwohl er von den Politikern geflissentlich totgeschwiegen wird, weil diese ihren Machtgewinn aus Neidkomplexen beziehen müssen.«

Besonders wichtig ist die taktische Informationspolitik. So haben wir beispielsweise im Baden-württembergischen Metallstreik vom Herbst 1971 mehrfach eingreifen müssen – nicht nur mit der Autorität unserer Führungskräfte, mit unseren Industrieverbänden usw. In einer Anzeige »Das Geschäft wird hart« nutzten wir z. B. die geringe prozentuale Verringerung der Zuwachsrate des Auftragseingangs – wir gaben den Zuwachs mit 8% an, während wir später im Geschäftsbericht immerhin 9% meldeten. Mit dieser Zahl und einer »Abwärts« signalisierenden Grafik konnten wir Stimmung gegen die andere Seite machen. Etwa eine Woche später gaben wir die demonstrative Kürzung unserer Dividende von 16 auf 14% bekannt, die weitgehend als Alarmsignal begrüßt wurde. Obwohl jedermann klar sein mußte, daß unsere Dividende keine Frage des Könnens, sondern des Wollens ist, verfehlte dies Signal seine Wirkung nicht – auch gegenüber unseren Mitarbeitern, deren Erfolgsbeteiligung ja von der Dividendenhöhe abhängig ist (vgl. Unsere Mitarbeiter, S. 90).

Dann, wenige Tage nach dem glimpflich überstandenen Tarifabschluß, ließen wir wieder die erste Erfolgsmeldung an die Öffentlichkeit: Auftragseingang bei Bauelementen leicht belebt! Und als wir im Februar 1972 die neuen Bilanzen vorstellten, mit denen wir wenige Monate vorher noch ängstliche Warnungen begründet hatten, ließen wir das Stimmungsbarometer wieder hochschnellen: »Siemens hat den Kampf um den Ertrag gewonnen«, »Siemens baut mehr Sicherungen für die Zukunft ein«, »Siemens hat noch immer gut verdient«, »Siemens sieht keinen Grund zu Klageliedern« – so lauteten die Schlagzeilen.

Es ist heute und morgen zu wenig, nur Informationen zu geben. Wir müssen einen Dialog mit den verschiedenen Zielgruppen der Gesellschaft in Gang setzen und damit Beziehungen herstellen, die wir in unserer heutigen Welt brauchen, um unsere Aufgaben optimal erfüllen zu können. Viele unserer weitverzweigten informationspolitischen Aktivitäten laufen deshalb über Industrieverbände, verschiedene Arbeitskreise, Stiftungen und effektive Interessengruppen. Auf einige dieser Engagements wollen wir wenigstens im Kapitel über unsere Führungskräfte eingehen.

Unsere Bildungspolitik

Obwohl die Ausgaben für das öffentliche Schul- und Bildungswesen in der BRD in den letzten Jahren rapide gestiegen sind, werden diese Einrichtungen den Anforderungen der Wirtschaft nicht mehr gerecht. Darauf gilt es in zweifacher Hinsicht zu antworten. Zunächst müssen wir da, wo der Staat die Bildungsaufgaben noch nicht pragmatisch zu lösen versteht, mit unternehmenseigenen Maßnahmen nachhelfen. Unser innerbetriebliches Bildungsprogramm, von dem allein im Geschäftsjahr 1970/71 40 000 Mitarbeiter profitierten, ist erst ein bescheidener, wenn auch modellhafter Schritt nach vorn. Da wir aber vor allem aus Konkurrenzgründen nur relativ kleine Summen für die Berufsausbildung bereitstellen können, brauchen wir mehr und mehr Einfluß bei den außerbetrieblichen Ausbildungsstätten.

Deshalb dürfen wir nicht tatenlos zusehen, wenn die gegenwärtige, gegen das Leistungsprinzip unserer Wirtschaftsordnung gerichtete Seuche der Politisierung und Ideologisierung an den Hoch- und Fachschulen weiter wie bisher grassiert. So versuchen wir, auch über die Industrieverbände, die zuständigen Stellen dahingehend zu beeinflussen, daß sich Universitäten und Schulen der wirtschaftlichen Wirklichkeit wieder anpassen, daß klare Ausbildungsziele formuliert und größere Effizienz erreicht wird. Wir dringen auf Lehrstühle für Managerschulung an der Universität. Und wir entwickeln neue Kooperationsformen mit den Berufsschulen.

Auch wo die staatliche Ausbildung von Politisierung frei ist, birgt sie immer noch die Gefahr, daß die Auszubildenden mit zuviel Allgemeinbildung, mit zuviel akademischer »Freiheit« und ablenkenden Bildungsinhalten belastet werden, was immer noch zu ideologischen Ausbrüchen führen kann. Nur eine extrem sachbezogene Ausbildung garantiert, daß die technische Qualifikation in eine distanzierte politische Betrachtungsweise eingebettet bleibt. Wo die zunehmende Massenbildung nicht zu vermeiden ist, muß sie wenigstens kanalisiert werden, ehe sie zu systemgefährdenden Reibungen führt. Die wissenschaftlich-technische Qualifizierung wird ein immer entscheidenderer Wachstumsfaktor. Deshalb brauchen wir langfristig die Befreiung vom Ballast der Lehrstoffe und die stärkere Kopplung des Lernprozesses mit dem Anwendungsprozeß. Die zukünftigen Ingenieure werden ihren Stoff nicht mehr von den mathematischen, physikalischen und technischen Grundlagen her beherrschen müssen. Im Interesse ihrer wirtschaftlichen Einsatzfähigkeit und ihrer loyalen Bindung an das Unternehmen müßte es gelingen, sie nur für einen ganz engen, möglichst firmenspezifischen Arbeitsbereich zu spezialisieren.

Alle diese Pläne sind heute noch nicht sehr populär. Deshalb sind wir gewillt, unsere vorbildliche Bildungsarbeit mehr und mehr auch in unsere Öffentlichkeitsarbeit einzubeziehen.

Unsere Olympiade

Im Sommer 1972, wenige Wochen vor unserem 125jährigem Jubiläum, haben wir die zugleich größte und preiswerteste Werbeveranstaltung unserer Geschichte durchführen können. Die großzügige Inszenierung der Olympischen Spiele von München bescherte der Wirtschaft eine Fülle von Aufgaben und den Zuschauern bisher ungekannte technische Höchstleistungen und Rekorde, die viele Rekorde der Athleten weit in den Schatten stellten. Mit Recht wurden die Spiele als Olympiade der Technik und unser Haus als einer der strahlendsten Sieger gefeiert. Wir waren mit allen unseren technischen Disziplinen vertreten: Datentechnik, Energietechnik, Installationstechnik, Medizinische Technik, Nachrichtentechnik – und nicht zu vergessen die Bauelemente als unsichtbare Helfer.

Mit dem schnellsten, größten und am weitesten verzweigten System der Datenfernverarbeitung zur lückenlosen Information über die Wettbewerbsergebnisse gewannen wir den Wettlauf gegen die Zeit und gegen die Konkurenz – die großartige Werbewirkung dieser Computer-Anlage im Wert von 30 Mio DM hatten wir uns durch gezielte Niedrigstangebote erkaufen können. Über unser Informationssystem Golym stellten wir der begeisterten Öffentlichkeit an 72 Auskunftsstationen 500 Millionen Daten über sämtliche Sportler vom Gewicht bis zur Kinderzahl und Hobbies, desgleichen über die Sportfunktionäre und über sämtliche Ergebnisse der Olympischen Spiele der Neuzeit zur Verfügung. Auch für die weltweite Fernsehübertragung schufen wir die technischen Voraussetzungen. Nicht nur Schalträume und Studios, auch die moderne Richtfunktechnik auf dem Olympiaturm und die Antennenanlagen für die Satellitenübertragung in Raisting wurden von uns gebaut und bestückt.

Mit der farbfernsehtüchtigen Flutlichtanlage und der Lautsprecheranlage konnten wir, getreu dem Olympischen Eid, ebenfalls zur Ehre unseres Hauses und Landes beitragen. Für das Ärztezentrum lieferten wir alle elektromedizinischen Ausstattungen. Für die Stromversorgung des Olympiastadions sämtliche Leitungsnetze, 17 Transformatoren, 100 km Kabel und 4 000 Leuchten.

Daß wir auch am Bau der S- und U-Bahn, am Verkaufsrekord bei Farbfernsehern und am allgemeinen Olympiaboom erheblich profitierten, liegt auf der Hand. Weniger bekannt ist, daß wir mit unserem Physiker Dr. Otto Betz auch den Geschäftsführer des Vereins zur Förderung der Olympischen Spiele stellten. Dieser Verein sammelte steuerabzugsfähige Spenden und teilte den Firmen dafür das werbekräftige Etikett »Olympia-Lieferant« zu – auch uns, die wir für 1,3 Mio DM Geräte bereitstellten.

Mit der ständigen Präsentation technischer und sportlicher Höchstleistungen haben wir schließlich auch der breiten Masse, die solche Leistungen oft nur mangelhaft zu würdigen weiß, zum mindesten das Vergnügen an neuen, unerreichbaren Vorbildern geschenkt und damit viel zur allgemeinen Zufriedenheit und zu einem gesunden Nationalbewußtsein beigetragen. Und wir haben die Öffentlichkeit einmal mehr davon überzeugt, wie grau unsere Welt ohne Siemens-Leistungen aussähe.

Unsere Werbung

Alle Öffentlichkeitsarbeit dient letztlich dem Markt, dem Markt des Wissens, des Vertrauens und damit dem Markt der Siemens-Güter, der ohne die menschenverbindende Werbung nicht mehr vorzustellen ist. Das immer größere und unübersichtlicher werdende Warenangebot unter dem Druck der Konkurrenz – zumindest auf den Sektoren, wo es noch Konkurrenz gibt – an den Mann zu bringen, ist für die Industrie heute das Problem Nr. 1 geworden. Der unternehmerische Erfolg ist längst nicht mehr allein eine Frage der objektiven Leistung, sondern mindestens ebenso eine Frage ihrer Darstellung. Deshalb muß hier die Werbung einspringen und die Waren entsprechend den Wünschen der Konsumenten formen und vorstellen. Grundlage dieser Arbeit ist ein weithin anerkanntes positives Image des Herstellers, das den Kunden in der richtigen Weise aufklärt und leitet.

Nachdem wir Anfang der 60er Jahre durch eine Imageanalyse festgestellt hatten, daß in der Öffentlichkeit wegen unserer Tradition und Qualität einerseits ein »Ur-Vertrauen« zu Siemens besteht, andererseits wegen unserer Größe und Schwerfälligkeit aber auch eine kaufhemmende psychologische Distanz, haben wir unser Image nach und nach den Wünschen der Käufer angepaßt und marktorientiert. Wir profilierten uns durch bessere Anzeigen (weniger Text, mehr Bild, Farbe, persönliche Ansprache), einheitliche siemensspezifische Gestaltung (Typographie, Layout, Firmenschilder, Messestände usw.) und ein engagiertes Informationsangebot (Fachzeitschriften, Bücher, Filme, Multi-Media-Shows). Mit unserm neuen Erscheinungsbild als fortschrittliches, zuverlässiges und kundennahes Unternehmen haben wir mittlerweile die Voraussetzungen für ein optimales »Ankommen« bei unserm breit gefächerten Kundenkreis und in der breiten Öffentlichkeit schaffen können.

Obwohl wir mehr als andere Großfirmen auch die Werbung für Investitionsgüter vorantreiben, liegt unser werbliches Schwergewicht nach wie vor auf Gebrauchs- und Konsumgütern. Die relativ hohe Marktsättigung bei Konsumgütern zwingt uns, ständig neuartige Produkte auf den Markt zu werfen und die Gebrauchszeit der alten Geräte zu verkürzen. So haben wir beispielsweise mit großem werblichen Erfolg einen neuen, von oben zu beschickenden Waschmaschinentyp durchgesetzt und unter dem Slogan »Alte Platten sind öde!« unsere musikalischen Absatzwünsche von den Kunden erfüllen lassen.

Als Teil dieser Marketingkonzeption wird das Design immer wichtiger. Indem es das Funktionelle des Produkts hinter der Poesie origineller Formen und Farben zurücktreten läßt, befriedigt das gelungene Design die Träume der Verbraucher. Zwar steht der Gebrauch der Produkte immer noch an der Spitze der Forderungen der Kunden, aber verkaufsentscheidend sind letztlich Assoziationsqualität, Innovationsqualität, Farbqualität, Repräsentationsqualität und Verpackungsqualität des Produkts. Die immer neuen Verkleidungen helfen nicht nur, unsere Konkurrenzfähigkeit zu erhöhen, sie beweisen auch, daß wir ganz in den Wünschen und Problemen unserer Abnehmer zu denken verstehen.

Wenn die Industrie mit Hilfe von Werbung und Design Waren entwickelt, deren Erscheinung und Sprache den Bedürfnissen der Käufer derart entgegenkommen, daß sie gewissermaßen triebhaft auf sie ansprechen, wird die Industrie zum Anreger einer neuen Menschlichkeit. Denn je mehr es ihr gelingt, mit ihren Produkten auch das Versprechen auf ein besseres, schöneres Leben zu verkaufen, desto mehr lenkt sie Hoffnung und Vertrauen derjenigen auf sich, die nun einmal ohne Einfluß auf die Geschicke unserer Gesellschaft bleiben müssen. Damit lassen wir die Menschen spüren, daß wir es sind, die unter allen gesellschaftlichen Instanzen die größten Anstrengungen zu ihrer Befriedigung unternehmen und deshalb ihr uneingeschränktes Vertrauen verdienen. Diese unsere Vertrauenswürdigkeit bauen wir nach soziologischen, psychologischen und sozialpsychologischen Erfahrungen und Methoden weiter aus.

All diese Formen unserer Öffentlichkeitsarbeit reichen aber noch nicht aus. Da die Träger der Marktwirtschaft, die Unternehmer – das müssen wir hier selbstkritisch anmerken – versäumt haben, rechtzeitig die richtigen Kommunikationsmittel einzusetzen, um ihre Haltung, ihre Idee einer leistungs- und wettbewerbsorientierten Wirtschaft durchzusetzen und das gesellschaftliche Auseinanderleben zu verhindern, bleiben uns noch viele Aufgaben, bei denen die Techniken der Kommunikation verfeinert und konsequent angewandt werden müssen.

Unsere Führungskräfte

»Richtig ist, daß sich auf diese Weise (durch personelle Verflechtung der Aufsichtsräte) eine eng begrenzte Gruppe herauskristallisiert, die sich gegenseitig informiert und berät. Dieser verhältnismäßig kleine Kreis von Männern steuert einen verhältnismäßig großen Teil der Wirtschaft. Aber warum sollte man darin einen Mißstand sehen? Auch in der Politik werden die großen Entscheidungen von wenigen getroffen.« Ernst von Siemens

Im Mittelpunkt der Geschäftspolitik unseres Hauses stand und steht der Mensch und damit die Zukunft des Menschen. Eine Zukunft, die wir mit noch besserer Organisation und mit noch größeren Leitungsbefugnissen auf allen gesellschaftlichen Ebenen zu meistern haben. Dazu bedarf es guter Männer mit außergewöhnlichen Führungsqualitäten, wie wir sie in unserem Aufsichtsrat, in unserem Vorstand und unserem Direktorium in dankenswert großer Zahl besitzen.

Unser Aufsichtsrat

Dr. phil., Dr.-Ing. E.h. Hermann von Siemens

Der 1885 geborene Enkel des Firmengründers ist heute, nach einem langen, arbeitsreichen Leben für unser Haus, Ehrenvorsitzender des Aufsichtsrats (AR). Hermann von Siemens, der noch in Bismarcks Forst das Schießen lernte und als Soldat, wie seine jüngere Schwester überlieferte, die »wahre Schießstimmung« der Offiziere und Unternehmer gegen die »Sozis« teilte, wurde 1941 Chef des Hauses, das er bis 1956 führte. Obwohl 1945 auf die Kriegsverbrecherliste gesetzt, kehrte er bald wieder unbelastet an die Spitze des Hauses zurück (vgl. Unsere Geschichte, S. 30). Von 1954 bis 1964 leitete er die Fraunhofer Gesellschaft zur Förderung der angewandten Forschung e. V. – eines der bedeutendsten Gremien zur Koordinierung staatlicher und rüstungswissenschaftlicher Interessen. Unser vielfach geehrter Senior ist u. a. Mitglied des Kuratoriums des Stifterverbandes für die Deutschen Wissenschaften.

Dr. rer. pol. Peter von Siemens

Seit November 1971 hat in Peter von Siemens die Generation der Urenkel des Gründers die Führung des Hauses, d.h. den Vorsitz des AR inne. Unser 1911 geborener Chef war während des Krieges vor allem in Südamerika tätig. Er wirkt auch heute in mehreren bedeutenden Aufsichtsräten mit, die in der Übersichtstabelle (S. 73) verzeichnet sind. Als Mitglied des Präsidiums des Bundesverbandes der deutschen Industrie (BDI) und Mitglied des Wirtschaftsrats der CDU setzt er sich unermüdlich für das Wohl und Werden unserer gesellschaftlichen Ordnung ein. Um uns seine Schaffenskraft noch lange zu erhalten, hat sich Peter von Siemens entschlossen, auf die gewöhnliche, von Chemikalien durchsetzte Nahrung zu verzichten und eine eigene Farm einzurichten, deren Produkte er nur noch biologisch düngen läßt. Aber er behält diese Schätze der Natur nicht für sich allein, sondern läßt auch seine zahlreichen Freunde aus der CSU, dem Hochadel und der Kunstwelt daran teilhaben. Auch Peter von Siemens entspannt sich, wie so viele Siemens-Männer, bei klassischer Musik. Die schwierigsten Partituren regen ihn ebenso an wie die schwierigsten sozialen Konflikte, bei denen er mit großer Meisterschaft die Interessen der 75 Familienmitglieder gegenüber denen der 300 000 Mitglieder der Siemens-Familie zu behaupten weiß.

Dr. rer. pol. h. c. Hermann J. Abs

Hermann Josef Abs – der Dreiklang dieses Namens steht für den Doyen der deutschen Wirtschaft, den als stellvertretenden AR-Vorsitzenden verpflichtet zu haben eine besondere Genugtuung für unser Haus ist. Die großen Verdienste des jahrelangen Chefs der Deutschen Bank reichen bis in die 30er Jahre zurück. Durch seinen Weitblick verhalf Abs nach 1933 manchem deutschen Unternehmer zu günstigen Erwerbungen. Die Pläne zur Ausweitung des deutschen Lebensraums im 2. Weltkrieg wurden zu einem nicht geringen Teil von ihm mitentwickelt und im Gesamtinteresse der Wirtschaft ausgearbeitet. Der große Europäer und Berater des Reichswirtschaftsministers strebte schon damals nach einem vom Deutschen Reich beherrschten »neuen Europa, das auf den Schlachtfeldern dieses Krieges geschmiedet wird«. [Etwas zu idealistisch, hatten ihn die Amerikaner bereits 1944 auf die Liste der »ökonomischen Kriegsverbrecher« gesetzt und 1946 fast beleidigende Worte für seine Tätigkeit gefunden (»Abs war der Spiritus rector der niederträchtigen Deutschen Bank, die eine ungewöhnliche Konzentration wirtschaftlicher Macht mit aktiver Teilhaberschaft an der verbrecherischen Politik des Naziregimes verband.«).] Doch beim Wiederaufbau der deutschen Wirtschaft korrigierten die Alliierten schnell solche aus der Hitze des Gefechts resultierenden Einschätzungen.

Der Finanzier und Freund Konrad Adenauers verfügte bereits in den frühen 50er Jahren wieder über 20 AR-Mandate (1944 waren es 57, 1966 : 33) und zahlreiche, in seinem Sinne verabschiedete Gesetze zur Erleichterung des Unternehmerrisikos. Heute sitzt der 70jährige noch in 16 Aufsichtsräten, darunter häufig als Ehrenvorsitzender (vgl. Übersichtstabelle). Und der vielfach geehrte Freund der Hausmusik und Ritter des Ordens zum Heiligen Grabe wird nicht müde, in bester Kenntnis der gesamtwirtschaftlichen Situation auch und gerade die Unternehmer zu mahnen, daß der Kampf der Vater aller Erfolge ist und bleiben muß: »Wenn der Unternehmer nicht bereit ist zu kämpfen, verdient er unterzugehen. Seid nicht so ängstlich und denkt nicht, daß die weiche Tour die Chance zum Überleben bietet!«

Dr. Ing. E.h. Ernst von Siemens

15 Jahre lang war Ernst von Siemens Vorsitzender des Aufsichtsrats, bis er diesen Posten im Herbst 1971 aus Altersgründen an Peter von Siemens abgab und sich auf den stellvertretenden Vorsitz beschränkte. Er dient dem Haus seit 1929. Ab 1944 bereitete er die durch die militärische Niederlage bedingte Dezentralisierung des Hauses vor (vgl. Unsere Geschichte, S. 30). Ernst v. Siemens – auch er berät noch weitere Unternehmen – hat sich nicht nur als fleißiger und bescheidener Junggeselle, sondern auch als entschiedener Verfechter eines vorurteilslosen und weitsichtigen Unternehmerstandpunkts einen Namen gemacht. Er hat oft darauf hingewiesen, »daß der Begriff der Demokratie aus dem politischen Bereich nicht in die Wirtschaft übertragen werden

kann,« weil sich sonst nicht genügend »verantwortungsbewußte Männer in der deutschen Wirtschaft ideenreich und schöpferisch entfalten können«. Der große Musikfreund und Naturliebhaber, der beispielsweise zusammen mit kulturellen Wortführern wie Dr. Strauß, Dr. Kiesinger, Grundig, Diehl, Schickedanz und anderen das Kuratorium für das Dürer-Jahr 1971 bildete, warnt auch vor den Gefahren der endlosen Diskussion über Fragen der Demokratie und Mitbestimmung: »Die nun seit Jahren geführte Diskussion über die erweiterte Mitbestimmung schwächt und gefährdet die deutsche Wirtschaft. Eine unendliche Unruhe hat sich verbreitet, wozu teilweise recht demagogische Angriffe auf die Unternehmer, die ja immerhin eine Leistung vorzuweisen haben, wesentlich beitragen.«

Dipl. rer. pol., Dr. sc. pol. Gerhard Tacke

Der dritte stellvertretende Vorsitzende unseres Aufsichtsrats ist Dr. Tacke, der sich zuvor drei Jahre lang als agiler Vorstandschef bewährt hatte. Bald nachdem 1933 sein Buch »Kapital- und Warenausfuhr« erschienen war, stieß Tacke zu Siemens. Nach seinem großen Coup von 1944 (vgl. Unsere Geschichte, S. 30), avancierte er bald zu unserem »Außenminister«, festigte unseren Weltruf und profilierte unser Image. Tacke ist ebenfalls vielfacher Aufsichtsrat, außerdem Vorstandsmitglied der Carl-Duisberg-Gesellschaft für Nachwuchsförderung, Mitglied der Europäischen Liga für wirtschaftliche Zusammenarbeit, des Verwaltungsrats des Goethe-Instituts, und des Directing Committee Association Internationale pour la Promotion et la Protection des Investissements privés en Territoires Etrangers, Genf. 1971 wurde dem Golfspieler und Münzsammler vom Club der Wirtschaftspresse e.V., München, die »Gläserne Letter« für hervorragende Öffentlichkeitsarbeit verliehen. Tackes Öffentlichkeitsarbeit besteht u. a. darin, das Phänomen der Krise als kalkulierbares Instrument unserer Politik wiederentdeckt zu haben. So verkündete er im Sommer 1970: »Die Sonne der nächsten Rezession geht auf und wird Beruhigung in die überschäumende Wirtschaft bringen.« Und im Dezember 1970: »Ich bin der Ansicht, daß wir in wenigen Monaten eine Rezession mindestens des Ausmaßes von 1966 auf uns zukommen sehen werden. Das braucht die Siemens-Aktionäre nicht zu schrecken.«

Dr. jur. Alois Alzheimer

Dr. Alzheimer ist unser Verbindungsmann zum größten europäischen Versicherungskonzern Allianz-Münchner Rückversicherung, der auch über zahlreiche Industriebeteiligungen verfügt. Seit 1950 Chef der Münchner Rück, sitzt Alzheimer in den Aufsichtsräten von acht großen Versicherungen.

Prof.Dr.phil., Dr.rer.nat., Dr.-Ing.e.h., Dr.h.c., Dr.h.c. Dr.e.h., Dr.h.c., Dr.e.h., Dr.h.c., Dr.e.h., Dr.h.c., Dr.h.c. Adolf Butenandt

Mit dem großen deutschen Biochemiker und Nobelpreisträger Butenandt konnten wir zugleich den Präsidenten der Max-Planck-Gesellschaft zur Förderung der Wissenschaften gewinnen. Die Max-Planck-Gesellschaft gibt uns und anderen Großfirmen Gelegenheit, kostspielige, risikoreiche und langfristige Grundlagenforschung in diese Institution auszulagern, die von der Allgemeinheit finanziert wird (1969: 320 Mio DM) und von deren allgemein zugänglichen Ergebnissen wir dennoch profitieren können. Deshalb dominiert die Industrie in den entsprechenden Gremien. Während der Drucklegung dieser Schrift wird Prof. Butenandt sein Präsidentenamt niederlegen. Aber unserem AR hoffen wir die Erfahrungen und Kontakte des mit zahllosen Verdienstmedaillen ausgezeichneten Wissenschaftlers noch lange zu erhalten.

Dr.rer.pol.h.c. Otto Andreas Friedrich

In dem 1902 geborenen Dr. Friedrich steht uns ein erfahrener Unternehmer und rühriger Gesellschaftspolitiker zur Seite. Er bewährte sich im Krieg als Wehrwirtschaftsführer und Leiter verschiedener Rüstungsgremien und wurde 1949 Chef der Phoenix Gummiwerke AG. 1965 machte ihn der Schwer- und Rüstungsindustrielle Friedrich Flick zu einem seiner geschäftsführenden persönlich haftenden Gesellschafter und zum Aufsichtsrat bei der Daimler-Benz AG, die ihren Einfluß immer mehr auf Rheinstahl (Hanomag-Henschel) und VW ausdehnt. In der Flick-Gruppe gebietet Friedrich mit über 16 Mrd DM Umsatz und etwa 260 000 Beschäftigte. Sein besonderes Interesse galt von jeher der Festigung der Industrieverbände. Friedrich ist Mitbegründer des BDI, seit 1960 sein Schatzmeister und Vizepräsident. 1969 wurde er zum Präsidenten der Bundesvereinigung der deutschen Arbeitgeberverbände (BDA) gewählt, deren 56 Mitglieds- und 720 Fach- und Regionalverbände er mit fester Hand durch die sozialpolitischen Gefechte unserer Tage führt. Immer wieder ermuntert er seine Mitglieder – rund 90% aller privaten Unternehmer – zur Härte und zum Kampf »an allen Fronten«, um das »Bewährte zu bewahren«, und, wo erforderlich, auch neue Wege zu beschreiten. Friedrich ist Mitglied des Kuratoriums der Forschungsgemeinschaft der Deutschen Wirtschaft, der Deutschen Kommission für Weltraumforschung und der Atomkommission sowie zahlreicher anderer Interessengruppen. Friedrich pflegt Beziehungen zu allen Parteien. Er selbst ist fördernder Anhänger der CDU; sein ältester Sohn ist persönlicher Referent des gegenwärtigen SPD-Superministers Helmut Schmidt. Und nicht zuletzt verbinden ihn freundschaftliche und verwandtschaftliche Beziehungen (sein Bruder Hans Eberhard ist Präsident der Axel-Springer-Stiftung) mit dem wirksamsten deutschen Meinungskonzern, der Axel Springer AG.

Prof.Dr.-Ing. Kurt Hansen

Der Freizeitangler und begeisterte Segelflieger Hansen ist Vorsitzender des Vorstands der Farbenfabriken Bayer AG, des stärksten Stamms des einstigen IG-Farben-Konzerns, für den er während des Krieges Verbindungsmann zur Wehrmacht war. Der Chemiker Hansen, vielfacher Aufsichtsrat, Ehrensenator und Honorarprofessor, vertritt die Interessen seiner besonders im Ausland stark expandierenden Branche als Präsident des Verbandes der chemischen Industrie, im Außenhandelsbeirat der Bundesregierung, im Beirat der Fritz-Thyssen-Stiftung und beim Stifterverband.

Dr.phil., Dr.-Ing.E.h. Hans Kerschbaum

Dr. Kerschbaum, 1902 geboren, ist einer der wenigen altgedienten Siemensianer im AR. Der Spezialist in der Nachrichtentechnik vertritt uns in zwei Aufsichtsräten und in der Max-Planck-Gesellschaft.

Dr.rer.pol. Egon Overbeck

Von der Mannesmann AG haben wir deren Vorstandschef Overbeck in unseren AR berufen, wo er uns u. a. durch seine zahlreichen Querverbindungen zur Ruhrindustrie willkommen ist. Neben seiner Tätigkeit in bedeutenden internationalen Gremien widmet sich der Jäger und Tennisspieler der Wirtschaftsvereinigung Eisen- und Stahlindustrie e. V., der Wissenschaft und dem Deutschen Museum. Als Major im Generalstab a. D. ist der heute 54jährige überzeugt, daß die als Truppenführer erlernte Kriegskunst mit Nutzen im Management von heute eingesetzt werden kann: »In beiden Bereichen gilt die Ökonomie des Mitteleinsatzes – da Blut, hier Geld; auch wenn man den Vergleich scheut, es ist schon so.«

Dr.jur. Werner Premauer

Mit dem Chef der Bayerischen Vereinsbank, die mit der Bayerischen Staatsbank liiert ist, haben wir einen weiteren einflußreichen Finanzmann verpflichtet. Premauer kann acht Aufsichtsratsposten, vor allem bei süddeutschen Firmen, aufweisen. Der Bergsteiger und Vizepräsident der Industrie- und Handelskammer für München und Oberbayern gehört ebenfalls dem Senat der Max-Planck-Gesellschaft an.

Alexander von Seidel

Herr von Seidel ist Mitglied der Geschäftsleitung der Gevetex-Textilglas GmbH, Aachen, und Vorsteher der Arbeitsgemeinschaft Verstärkte Kunststoffe. Wichtiger sind seine engen Beziehungen zur Familie Haniel (Commerzbank, Gute-Hoffnung-Hütte usw.).

Dipl.Ing., Dr.-Ing.E.h. Hans-Günter Sohl

Neben dem Präsidenten des BDA können wir auch den des BDI zu unserer Mannschaft zählen. Seit Ende 1971 führt Dr. Sohl die 39 Industrie-Verbände, die ihrerseits über 400 Fachverbände und Gruppen sowie 216 Landes- und Regionalverbände umschließen. Diese Gremien, die von der großen Industrie dominiert werden – die Stimmen der Mitglieder werden nach den Beitrags- und Beschäftigtensummen festgelegt – üben einen nachhaltigen Einfluß auf Parlamente, Presse und Regierungen aus, der auch den Interessen unseres Hauses zugute kommt. Nach dem Krieg wurde der ehemalige Wehrwirtschaftsführer Sohl mit der Entflechtung der Stahlindustrie beauftragt – so konnte er seine Thyssen AG zum größten Stahlproduzenten Europas machen. Als Initiator der Walzstahlkontore, mit denen der Wettbewerb im Stahlhandel weitgehend abgeschafft wurde, zeigte er der Wirtschaft einen sicheren Weg in die nächsten Jahrzehnte. Sohl hält 15 AR-Sitze, allein in 8 Räten ist er Vorsitzender. Über seine vielseitige Tätigkeit, die er, wenn erforderlich, auch an seine in Bonn tätigen Mitarbeiter Birrenbach (MdB), Dichgans (MdB) und Mommsen (Staatssekretär im Wirtschaftsministerium) delegieren kann, sagt der Rotarier und Musikfreund mit dem ihm eigenen Understatement: »Zu jedem Unternehmer gehört – wie schon das Wort sagt –, daß er etwas unternimmt. Leute, die etwas unternehmen und bereit sind, Risiken einzugehen, können sich auch Chancen ausrechnen. Das ist das eine. Das zweite: Nach meiner Meinung ist jeder erfolgreiche Unternehmer in gewissem Grade auch ein Künstler.«

Franz Heinrich Ulrich

Mit Herrn Ulrich kommen uns die Erfahrungen des nach Dr. Abs bedeutendsten Bankiers unserer Tage zugute. Ulrich ist seit 1936 für die Deutsche Bank tätig. Als Sekretär des persönlichen Büros von Abs lernte er früh die differenzierten Techniken der Betriebs- und Kapitalkonzentration und des Kapitalexports. Heute arbeitet der Vorstandssprecher der Deutschen Bank in 14 Aufsichtsräten. Neben seinen vielen Ehrenämtern bestimmt er auch über die Entwicklungshilfepolitik entscheidend mit (Deutsche Gesellschaft für wirtschaftliche Zusammenarbeit, Deutsche Überseeische Bank, Deutsche Afrika-Gesellschaft u. a.). Als aktivem Förderer der CDU/CSU ist es auch Ulrich klar, daß die unternehmerische Zukunft nur mit größerer Härte gesichert werden kann: »Wir werden auch – so unfreundlich das klingt – in Zukunft auf Personen weniger Rücksicht nehmen müssen, als auf die harten Gegebenheiten des Geschäfts.«

Dr.jur., Dr.phil.h.c. Günter Henle

Im März dieses Jahres ist Dr. Henle aus unserem AR ausgeschieden. Da uns seine Erfahrungen auch weiterhin zugutekommen, darf er in dieser Würdigung nicht unerwähnt bleiben. Der Klöckner-Chef ging 1936 in die Wirtschaft und war nach seiner kapitulationsbedingten Inhaftierung aktiv am Wiederaufbau unserer Grundordnung beteiligt, u. a. als Mitglied des 1. Deutschen Bundestages (CDU). Henle ist heute Geschäftsführender Teilhaber der Klöckner & Co. und Inhaber des Musikverlages G. Henle und sitzt vier Aufsichtsräten vor. Er hat sich nicht zuletzt als Präsident der Deutschen Gesellschaft für Auswärtige Politik e. V., als Freund der Musik, der Jagd, des Golfs und als Rotarier hervorgetan. Henles führungspolitisches Anliegen kommt in der Antwort an einen Aktionär der Allianz-Versicherung zum Ausdruck, der nach Vertretern der Kleinaktionäre im AR fragte. Henle, zwischen acht Herren sitzend, die auch uns kontrollieren (Alzheimer, Hansen, Overbeck, Premauer, E. v. Siemens, Sohl und Ulrich), erklärte ihm: »Ich glaube, wir sind alle selber Kleinaktionäre, jedenfalls viele von uns.«

Zusammenfassend und mit Blick auf die Übersichtstabelle dürfen wir mit Stolz einen weiteren Siemens-Superlativ verbuchen. Unser Aufsichtsrat – dessen sieben Arbeitnehmervertreter hier nicht ins Gewicht fallen – ist der mächtigste der gesamten deutschen Industrie! Kein Unternehmen keiner Branche konnte bisher einen so erlesenen Kreis einflußreichster Männer für sich gewinnen! Wir haben die guten Männer aus den Chefetagen und Aufsichtsräten

- der drei mächtigsten Chemie-Konzerne (Bayer, Hoechst, BASF)
- der vier mächtigsten Stahlproduzenten (Thyssen, Klöckner, Mannesmann, Hoesch)
- der zwei mächtigsten Banken (Deutsche Bank, Dresdner Bank)
- des mächtigsten Bergbaukonzerns (Ruhrkohle)
- des mächtigsten Energieproduzenten (RWE)
- der mächtigsten privaten Autofirma (Daimler-Benz)
- des mächtigsten Rüstungsproduzenten (Flick)
- des mächtigsten NE-Rohstofflieferanten (Metallgesellschaft)
- der mächtigsten Versicherung (Allianz-Münchner Rückversicherung)
- der mächtigsten Forschungsgesellschaft (Max-Planck-Gesellschaft).

Da diese Herren mit zahlreichen weiteren AR-Posten zu den Schlüsselfiguren der deutschen Wirtschaft gehören, kommt uns – für beschei-

	Banken	Versicherung.	Stahl	Chemie/ Gummi	Energie/ Erdöl	Bergbau/ Rohstoffe	Masch.bau/ Rüstung	Sonstige	Interes- sengruppen
P. v. Siemens	Deutsche Bank	–	Mannesmann	Bayer	–	–	J. M. Voith	Hapag	C, I
E. v. Siemens	–	Allianz	–	–	–	–	Klöckner H. D.	–	
Abs	Deutsche Bank	–	Hoesch	BASF u. Phoenix	RWE	Metall- gesellschaft	(Stumm)	Daimler Benz Lufthansa u. a.	C
Tacke	–	–	Thyssen	–	–	–	MBB	Bergmann Osram u. a.	
Alzheimer	Dresdn. Bank	Allianz	–	–	–	–	MAN	Nordd. Lloyd	
Butenandt	–	–	–	Bayer	–	–	–	–	P
Friedrich	–	(Allianz)	–	Phoenix	–	–	*Flick-Gruppe*	Daimler Benz	A, I, W
Hansen	–	Allianz	–	*Bayer* u. Chem. W. Hüls	Erdölchemie	–	O. Wolff	Agfa-Gev. u. Kaufhof	C, I, W
Kerschbaum	–	–	–	–	–	Metall- gesellschaft	–	Kienzle	P
Overbeck	–	Allianz	*Mannesmann*	Hoechst u. Ruhrchemie	(RWE)	Ruhrkohle	Mannesm. Meer	Kammerich u. a.	C, P, W
Premauer	*Bayer. Vereinsbank*	Allianz	–	Südd. Chemiefaser	–	–	–	Bergmann u. a.	P
Sohl	Dresd. Bank	Allianz	*Thyssen* u. Mannesmann	Ruhrchemie	RWE u. Gelsenberg	Ruhrkohle	Demag	Hüttenwerk Oberhausen u. a.	C, I
Ulrich	*Deutsche Bank*	Allianz	Mannesmann	Bayer	Dt. Erdöl	–	O. Wolff, Demag, Klöckner H. D.	Daimler Benz VFW-Fokker	C
(Henle)	–	Allianz	*Klöckner*	–	–	–	Klöckner H. D.	VIAG u. a.	C

Jede Kombination stellt einen Aufsichtsratssitz dar.
Ausnahmen: Kursivierte Firmen – der Herr ist Vorstandschef, Geschäftsführer oder Inhaber; Klammern – der Herr ist Beirat oder Ehrenvorsitzender des Aufsichtsrats. Herr Henle schied im Frühjahr 1972 aus dem Siemens-AR aus.

Erläuterungen der Interessengruppen:
A – Hohe Funktion in der Bundesvereinigung der deutschen Arbeitgeberverbände (BDA); C – Wirtschaftsrat der CDU e. V.; I – Hohe Funktion im Bundesverband der deutschen Industrie (BDI); P – Hohe Funktion im Max-Planck-Institut; W – Stifterverband für die Deutsche Wissenschaft.

dene 34 000 DM (bei 14% Dividende), die wir einfachen Aufsichtsräten für die 3 oder 4 Sitzungen im Jahr überweisen – nicht nur deren wertvollster Sachverstand, sondern auch eine theoretisch unbegrenzte Kontrollmöglichkeit des größten Teils der deutschen Industrie zugute. Denn die Aufsichtsräte berufen nicht nur die Vorstände, haben nicht nur die Geschäftsführung zu überwachen, sondern auch die Möglichkeit, Einblick in die Geschäftsbücher zu nehmen und zu entscheiden, wann bestimmte Arten von Geschäften nur mit ihrer Zustimmung vorgenommen werden sollen.

Wenn man sich die Liste der 100 umsatzkräftigsten deutschen Aktiengesellschaften – die gut 3/5 des gesamten Industrieumsatzes bestreiten – vornimmt und die in ausländischer, öffentlicher und familiärer Hand befindlichen Firmen abzieht, so bleiben über 60 Firmen, auf deren Geschäftspolitik unser AR direkten Einfluß und Einblick hat – gegenüber nur vier Unternehmen, die nicht zu unserem weiteren Kontrollbereich gezählt werden können: AEG, Degussa, Rheinstahl, Schering. Freilich gibt es mit diesen Firmen (außer Schering) auch eng verschmolzene Interessen durch Kooperation und gemeinsame Beteiligungen an dritten Unternehmen. Daß die informellen Kontakte noch viel weiter gehen (besonders durch die Banken – allein die drei Großbanken halten über 450 AR-Mandate) bis in zahlreiche ausländische, öffentliche und Familien-Unternehmen hinein, soll hier nur am Rande vermerkt werden.

Die 12 stärksten Männer unseres Aufsichtsrats bestimmen also entscheidend mit über rund 1/3 des gesamten deutschen Industrieumsatzes und über etwa 2/5 aller in der Industrie Beschäftigten, das sind rund 4 Millionen Arbeitsplätze, wobei die Arbeitsplätze in den Hunderttausenden von abhängigen Zulieferbetrieben noch nicht mitgezählt sind.

Darüber hinaus sind wir durch Dr. Sohl und Dr. Friedrich mit den gewaltigen Apparaten des BDI und der BDA engstens verbunden. Mindestens 7 unserer AR-Mitglieder sind im Wirtschaftsrat der CDU aktiv, je 4 bestimmen in der Max-Planck-Gesellschaft und im Stifterverband für die Deutsche Wissenschaft über unsere technologische Zukunft mit. Als Präsidenten der Branchenverbände (4), als höchste Funktionäre der Handelskammern (4) und als Mitglieder von politischen Organisationen sowie als Inhaber von Ehrenämtern wirkten unsere Räte geschickt in so gut wie alle Bereiche unserer Gesellschaft hinein.

Unser Vorstand

Aus unserem neunköpfigen Vorstand wollen wir besonders den Vorsitzenden, Dipl.Ing., Dr.Ing.E.h. Bernhard *Plettner,* hervorheben, der im Oktober 1971 sein Amt übernahm. Der Starkstromtechniker hat durch die von ihm betriebenen Kooperationsverträge mit der amerikanischen Allis-Chalmers und mit der AEG dem Haus wegweisende Schritte in die kommenden Jahrzehnte gewiesen. Heute sitzt er in zahlreichen Aufsichtsräten unserer Beteiligungsgesellschaften und anderer befreundeter Unternehmen. Plettner arbeitet u. a. an einer neuen Ausbildungskonzeption für Jungmanager, um das Image der Betulichkeit endlich auszutilgen, das uns leider immer noch anhaftet. Der leidenschaftliche Reiter ist dabei, das Haus mit aller Energie nach betriebswirtschaftlichen Regeln zu durchforsten, um es für die kommenden, immer härteren Jahre zu rüsten. Wie er diese Probleme in die Zange nimmt, weiß das Haus: »Plettner geht à la Rommel an die Front!«

Obwohl Dr.jur. Gisbert *Kley* die Altersgrenze für Vorstandsmitglieder bereits überschritten hat, ist er weiterhin im Vorstand tätig. Denn er hat keine andere und keine geringere Aufgabe als die, die Interessen des Hauses außerhalb des Hauses zu vertreten. Er ist Mitglied des Bundestages (CSU) und vertritt seine Fraktion und uns im Wirtschafts- und Sozialausschuß, im Wirtschaftsausschuß der EWG und bei der Euratom. Kley, der vor 1945 persönlicher Referent des Reichsministers für Ernährung und Landwirtschaft war und mit Sonderaufgaben in den besetzten Ländern Osteuropas betraut wurde, kam 1950 zu uns und war jahrelang Personalchef. Seine neuen politischen Aufgaben – ermöglicht durch einen sicheren Listenplatz der CSU – wurden von der Leitung des Hauses ausdrücklich begrüßt. Denn Dr. Kley ficht den permanenten Kampf für das Unternehmertum nicht nur im geschäftsführenden Vorstand des Wirtschaftsrates der CDU e. V., beim katholischen Institut für Gesellschaftswissenschaften und als Mitglied der Deutschland-Stiftung sowie der gegengewerkschaftlichen Aktionsgemeinschaft Sicherheit durch Fortschritt, sondern auch als Berater der Sachverständigen-Kommission zur Frage der Mitbestimmung, die von uns abzuwenden er in den entsprechenden Gremien bemüht ist.

Der Finanzchef des Hauses, Dr. jur. Heribald *Närger*, kam erst 1963 zu uns – nach langjähriger Tätigkeit für die Bayerische Vereinsbank. Neben seinen vielfältigen finanz- und bilanztechnischen Aufgaben achtet er im AR der Karstadt AG und im Vorstand der Deutschen Schutzvereinigung für Wertpapierbesitz darauf, daß die Interessenvertretung der Kleinaktionäre nicht mit den Interessen der Großaktionäre kollidiert. Als Leiter der Zentralverwaltung Ausland kommt Dr. jur. Paul F. *Dax* größte Bedeutung zu.

Die anderen Vorstandsmitglieder sind: Theodor *Baumann,* Prof. Dr.rer.nat. Heinz *Gumin,* Dr.rer.nat. Werner *Müller,* Dr.phil. Josef *Schniedermann* (zugleich AR der Wintershall AG) und Dipl.Ing., Dr. Ing.E.h. Helmut *Wilhelms* (zugleich AR-Chef der KWU und Interatom GmbH).

Den 11 Vorständen des Vorjahres und ihren 12 Stellvertretern stand eine Gehaltssumme von 7,263 Mio DM zur Verfügung, dazu kam ein nicht im Geschäftsbericht ausgewiesener Bonus von 8%, also weitere 581 000 DM. Wenn man davon ausgeht, daß die stellvertretenden Vorstandsmitglieder etwa 2/3 des Gehalts ihrer Chefs bekommen, bleiben pro Kopf der Vorstände etwa 410 000 DM im Jahr. Das sind gut 34 100 DM im Monat, bei 20 Arbeitstagen 1 708 DM am Tag, 213 DM pro Stunde oder 3,56 DM in der Minute. Wir nennen diese Zahlen ohne Scheu, weil wir der Überzeugung sind, daß die Vorstände für das Entscheidungsrisiko und die Last der Verantwortung nicht hoch genug entschädigt werden können – gleichgültig, ob sie nun dem Streß der Planungen, der Konferenzen oder der Bundestagsdebatten ausgesetzt sind.

Unsere leitenden Manager

Mit unseren 20 000 außer Tarif entlohnten Angestellten besitzen wir das größte Führungskräfte-Reservoir deutscher Firmen überhaupt. Aus diesen die bestgeeigneten Männer mit menschlich klarer Haltung zu wählen, ist die Aufgabe unserer modernen Personalplanung. Unser Grundsatz, die kommenden Leute möglichst im eigenen Haus groß werden zu lassen, macht ein ständiges Ausleseverfahren und ein rastloses Training der Führungsmannschaft und der potentiellen Führungskräfte unerläßlich. Ab 1974 wird uns in Feldafing am Starnberger See ein neues, großzügiges Management-Zentrum zur Verfügung stehen. Nach einem Vierstufenplan werden wir sämtliche mittleren und oberen Führungskräfte durch diese neue Siemens-Akademie schleusen und ihnen das Rüstzeug für ihren Aufstieg und den des Hauses schärfen.

Ein Teil unseres Führungsnachwuchses wird durch die nach unserem ehemaligen Wehrwirtschaftsführer benannte Wolf-Dietrich von Witzleben-Stiftung gefördert. Zum Kreativitätstraining schicken wir unsere Leute nach Nürnberg zur Akademie für Absatzwirtschaft oder nach Köln zum Institut für angewandte Kreativität. Dort lernen sie durch Brainstorming und synektische Verfremdung ihre schöpferische Potenz zu steigern und neue Ideen für Produktion und Marketing zu finden.

Höhere Führungskräfte fahren zum Gruppendynamischen Innovations-Praktikum des Pforzheimer Instituts für Integrationsberatung. Hier versuchen die Siemens-Männer, den autoritären Führungsstil zu überwinden, der immer mehr die Effektivität der modernen Industriebetriebe bedroht, weil er Arbeitsfreude und Leistungswillen der Mitarbeiter untergräbt. Bei diesem, für manche recht schmerzhaften Anti-Autoritäts-Training üben unsere leitenden Herren die zukunftssichernden differenzierten Regeln kollegialen Führens. Die chronischen Manager-Ängste und vereinzelte Selbstmordabsichten hoher Mitarbeiter können wir nicht verhindern. Allerdings dürfen sich besonders beanspruchte Herren auf unsere Kosten bei eigens für Manager eingerichteten Meditationskursen auf ihre kommenden Aufgaben vorbereiten.

Die zahllosen siemensnahen Persönlichkeiten, die als Professoren, Beamte und Politiker, als Vorsitzende von Burschenschaften, Kunstvereinen und anderen Gruppen in der Öffentlichkeit wirken, können wir hier leider nicht im einzelnen würdigen. Gegenüber diesen rührigen Freunden unseres Hauses wäre es unangebracht, hier einzelne Herren wie Dr. Franz Josef Strauß hervorzuheben – der uns nicht nur über Dr. Kley und über die Airbus GmbH verbunden ist –, auch wenn er einer der einflußreichsten Männer unseres Landes ist und, nach Dr. Friedrichs Worten, die politische Hoffnung der Industrie verkörpert. Wir brauchen keine Vorzeige-Politiker, so wenig wie Politiker, mit denen wir Beraterverträge abschließen. Unsere Führungskräfte sind selbst qualifiziert genug, das Haus zu leiten und zu weiten. Und unsere Arbeit ist weniger durch spektakuläre Kontakte als durch viele Beziehungen auf vielen Ebenen der politischen und wirtschaftlichen Landschaft der Bundesrepublik verhaftet.

Unsere Mitarbeiter

> »Man muß sich ganz allgemein darauf einrichten, daß das wachsende Umsatzvolumen künftig mit einer stabilen oder rückläufigen Belegschaft bewältigt werden muß. Insofern ist eine neue Zeit angebrochen.«
>
> Dr. Gerd Tacke

In aller Welt sind es derzeit etwa 300 000 Menschen, die ihr Wissen und Können in den Dienst des Hauses Siemens stellen, ihre Kraft und ihr Schicksal mit dem Wohl und Wehe ihres Unternehmens verknüpfen. Wenn wir deren Angehörige sowie die Mitarbeiter weiterer Beteiligungsgesellschaften und der 30 000 Zulieferbetriebe und schließlich die Pensionäre und Aktionäre hinzurechnen, dann sind es gut 2 Millionen Menschen, denen Siemens Brot und Unterhalt gibt.

Die damit verbundene große Verantwortung ist jedoch nur als eine wechselseitige zu verstehen. Während wir unseren Mitarbeitern Arbeit und Einkommen, Stolz auf den Arbeitsplatz Siemens und Zufriedenheit mit ihrer beruflichen Heimat bieten, erwarten wir von ihnen neben optimaler Ausführung ihrer Aufgaben auch die Bereitschaft, sich der Leistungsmoral unseres Hauses immer wieder neu anzupassen und, wenn es sein muß, individuelle Wünsche gegenüber den Anforderungen des Betriebes hintanzustellen. Ohne diese Bereitschaft wäre es nie gelungen, die Pro-Kopf-Leistung in den letzten fünf Jahren so erfreulich zu steigern. Während der Inlandsumsatz pro Kopf 1966 noch bei knapp 30 000 DM lag, konnte er bereits 1971 auf gut 50 000 DM gesteigert werden! Dafür schulden wir allen unendlichen Dank.

Die Grundlagen der Leistungsbereitschaft sind im Betriebsverfassungsgesetz und in der Grundordnung des Hauses Siemens festgelegt. Entscheidend für das partnerschaftliche Verhalten und die vertrauensvolle Zusammenarbeit ist jedoch etwas anderes. Wir jedenfalls haben die Erfahrung gemacht, daß die bessere Integration der Arbeitnehmer gerade nicht durch Paragraphen erreicht wird, sondern durch eine stete Verbesserung der menschlichen Beziehungen in den Betrieben, zu denen die im täglichen Kontakt mit den Mitarbeitern stehenden Betriebsräte, wenn sie nur wollen, sehr viel beitragen können.

Verbesserung der menschlichen Beziehungen heißt – neben materiellen Anreizen, für die wir durch unser differenziertes Lohnfindungssystem sorgen – vor allem gefühlsmäßige Werte für den Betriebszweck einzusetzen. Nur so kann es uns gelingen, die Mitarbeiter in die Gesamtheit unternehmerischen Wollens einzugliedern und langfristig gewisse vertrauensstörende Faktoren auszuschalten. Das wichtigste Instrument ist hier die Motivationsoptimierung der Mitarbeiter. So bemühen wir uns, den Mitarbeitern zur rückhaltlosen Anerkennung der Betriebsziele zu verhelfen, sie, wenn möglich, durch unternehmerisches Denken zu aktivieren und ihnen so mit jedem Erfolg ihrer Abteilung, ihres Unternehmensbereiches oder des ganzen Hauses auch persönliche Befriedigung, Stolz und Freude zu verschaffen.

Wie unsere entsprechenden Bemühungen im einzelnen aussehen, soll in den folgenden Abschnitten dargelegt werden.

Ingenieure, Techniker, Experten

In der funktionstüchtigen Hierarchie eines Großbetriebes nehmen die Ingenieure und Techniker besonders reizvolle Aufgaben wahr. Ein Teil dieser Mitarbeiter ist als Betriebsingenieur, technischer Direktor, Produktionsleiter usw. für die Ausführung der Entscheidungen der Firmenleitung, für die Rationalisierung der Arbeitsabläufe und für die Arbeitsdisziplin verantwortlich und setzt sich ganz ohne Frage bedingungslos für die Belange der Unternehmensführung ein.

Ein anderer und immer größerer Teil der mittleren Führungsschicht (außertarifliche Angestellte) arbeitet mit einem hohen Maß an fachlichem Wissen und Können an der Entwicklung immer neuer Produkte und Technologien, Verkaufstechniken, Informationssysteme und Organisationsformen. Durch ihre Funktion, Unsicherheitsfaktoren in den unternehmerischen Entscheidungsprozeß zu integrieren und die Rationalisierung zu beschleunigen, tragen diese Mitarbeiter wesentlich zur Stabilisierung des Hauses bei. Das bei dieser Gruppe zuweilen auftretende Selbstbewußtsein wird für den Betriebszweck solange produktiv bleiben, wie es gelingt, die Aufgaben der Ingenieure und Spezialisten noch mehr zu spezialisieren und die Wandlung ihres allzu korporativen Selbstbewußtseins hin zu einer individuellen Aufstiegsmentalität zu unterstützen.

Dabei hilft uns ein ausgefeiltes hierarchisches Beurteilungssystem, das nicht zuletzt den Respekt gegenüber dem Vorgesetzten und die Anerkennung der betrieblichen Leistungsmoral fördert. Jeder Vorgesetzte beurteilt regelmäßig Leistung und Verhalten seiner Untergebenen. Seine Daten, die dem betreffenden Mitarbeiter natürlich nicht detailliert bekannt werden sollen, bilden die Grundlage für unsere streng vertrauliche Münchner Führungskartei. Mit Hilfe dieses IPIS (Integriertes Personal Informationssystem) können binnen Sekunden Listen der vertrauens- und förderungswürdigen höheren Angestellten ausgedruckt und mögliche Versager und Querulanten namhaft gemacht werden.

Indem wir den Eindruck vermitteln, daß nur dem objektiv Tüchtigsten und Fähigsten der Aufstieg möglich ist, bauen wir mit einer großen Zahl ehrgeiziger und dienstbarer Männer sozusagen eine zweite Front auf, deren Loyalität zum Hause naturgemäß mit jeder Beförderung zunimmt. Diese junge technische Intelligenz zeichnet sich neben ihrem Fachwissen aus durch Anpassungsfähigkeit, operative Geschicklichkeit, Kontaktfähigkeit, Diskretion und ihre Fähigkeiten, Befehle sowohl zu empfangen als zu erteilen, ohne die bewährten Grundlagen zu verändern. Für ihr Vorwärtskommen sind diese Männer bereit, auf einen großen Teil ihrer Freizeit zu verzichten, Familienleben und andere gesellschaftliche Tätigkeiten zurückzustellen und die unvermeidlichen Frustrationen zu ertragen, wenn die Aufstiegserwartungen nicht gerade von heute auf morgen erfüllt werden. Damit verbleibt die Hoffnung auch den physisch und psychisch Schwächeren, obwohl sie naturgemäß nur bei den härtesten Männern mit Erfolg gekrönt werden kann.

Trotz ihrer prinzipiellen Anpassungsbereitschaft mucken unsere handfesten jungen Leute hin und wieder auf, rufen nach drastischen

Gehaltserhöhungen, organisieren eigene Interessenvertretungen oder beschweren sich über ihre angeblich geringen Aufstiegschancen und die ihrer Ausbildung unangemessene Tätigkeit, z. B. als Löter von Transistoren. Darüber lassen wir mit uns reden. Wenn sie diese Interna aber in die Öffentlichkeit tragen und dabei behaupten, »Abteilungsdirektoren bei Siemens entscheiden heute noch wie Unternehmer im Frühkapitalismus«, wenn sie weiterhin die ihnen auferlegte Geheimhaltung der Gehälter ignorieren und wenn sie anmaßende Mitbestimmungsforderungen erheben, dann werden wir ihre Wortführer früher oder später die Grenzen unserer Geduld spüren lassen. Noch weniger dürfen wir zulassen, daß die innere Ordnung des Hauses durch Ingenieurstudenten in Gefahr gebracht wird, die mit den Arbeitern über neue Leistungsbewertungssysteme diskutieren zu müssen meinen.

Mittlere und untere Angestellte

Die treuesten Mitarbeiter des Hauses sind von jeher in unserer Angestelltenschaft zu finden. Ob als Männer des Vertriebs oder der Finanzabteilung, ob als Sekretärinnen oder Meister – hier haben wir es mit Menschen zu tun, die sich voll mit ihrem Unternehmen, in das sie eingebettet sind, identifizieren. Mit dem technischen Fortschritt nimmt ihre vertrauensvolle Aufgabe, die Betriebsleitung bei der mittelbaren und unmittelbaren Beaufsichtigung der Arbeiter zu entlasten, zwar mehr und mehr ab – lediglich die Meister, die ihre soliden Führungsmethoden z. T. bei der Wehrmacht gelernt haben, spielen hier noch eine nicht zu unterschätzende Rolle. Dafür wachsen den Angestellten jedoch neue bedeutsame Funktionen zu.

Das gigantische Wachstum unseres Hauses und die Komplizierung unseres Wirkens haben unsere Angestellten den Arbeitern immer ähnlicher gemacht, d. h. zu Ausführenden eines von oben bis unten durchrationalisierten Prozesses. Schon heute sind etwa 80% der Angestellten in der Verwaltung an genau festgelegte Aufgaben gebunden und sind den Schwierigkeiten eigener Initiative enthoben; im Bereich der Produktion und des Verkaufs sind ca. 60% der Tätigkeiten der Angestellten fest programmiert, beim Verkauf sogar bis in die Wortwahl hinein genauestens vorgeschrieben.

Indem wir die Funktionen unserer Angestellten derart normieren und durchschaubarer machen, erleichtern wir uns auch ihre Leistungskontrolle. In ausführlichen Beurteilungsbogen lassen wir die Vorgesetzten regelmäßig nicht nur über Leistung und Fachkenntnisse der Untergebenen berichten, sondern auch über Beweglichkeit, Arbeitsplanung, Arbeitstempo, Belastbarkeit, Umgangsformen, Verhalten gegenüber Vorgesetzten, Sachdisziplin usw. Zwar wissen die Angestellten von dieser Kontrolle, aber nicht, wie sie im einzelnen klassifiziert werden, so daß diejenigen Mitarbeiter, die für den heute notwendigen Streß nicht genügend Voraussetzungen mitbringen, sich möglicherweise dem Druck gewisser Ängste ausgesetzt sehen. Gesamtbetrieblich sind die Vorzüge dieses Kontrollsystems jedoch unübersehbar: Sie beleben aufs effektivste die Leistungsbereitschaft und den sachlich-friedlichen Wettbewerb aller um die Gunst der Vorgesetzten.

Auf dem Hintergrund der immer mehr rationalisierten Arbeit der Angestellten sind auch unsere Bemühungen zu verstehen, die Gleichstellung aller Beschäftigten durchzusetzen, d. h. die rechtliche und begriffliche Unterscheidung zwischen Arbeitern und Angestellten aufzugeben. Dieser Schritt nach vorn bedeutet für die Angestellten u. a. eine Angleichung an die Arbeitsbedingungen der Arbeiter. In naher Zukunft – etwa in drei Jahren, wenn unser neues Arbeitsbewertungs- und Lohnfindungssystem fertiggestellt ist – dürften auch die Angestellten mit den erzieherischen und leistungsfördernden Wirkungen der Stempeluhr und der Vorgabezeiten, zumindest bei Büroarbeiten, konfrontiert werden.

Arbeiter und ihre Bewertung

Unseren etwa 150 000 im Inland beschäftigten Facharbeitern und Arbeitern – darunter Frauen und Gastarbeiter, über die wir noch gesondert berichten – muß heute der innigste Dank gelten. Denn was wären wir ohne ihre glänzende Arbeitsbereitschaft, ihre beispielhafte Anpassungsfähigkeit und ihren enormen Leistungswillen? Diese ihre Tugenden sind und bleiben die Pfeiler unseres gesamten Geschäfts.

Unsere Achtung vor dem schaffenden Menschen drückt sich in dem unablässigen Bemühen aus, diesem die Arbeitsbedingungen, wo immer es wirtschaftlich vertretbar ist, zu erleichtern, d. h. die technischen und betriebspolitischen Voraussetzungen für den allseitigen Wunsch nach Höchstleistungen zu verbessern. Soweit irgend möglich, sind unsere Arbeiter im Akkord beschäftigt. Sie können also über ihre Leistung und ihren Lohn frei bestimmen.

Diese Freiheit hat jedoch da ihre Grenze, wo das Interesse des einzelnen Arbeiters das Betriebsgesamtinteresse zu übergreifen droht. Deshalb unterhalten wir eine etwa tausendköpfige Gruppe von Zeitnehmern und Kalkulatoren, deren einzige Aufgabe es ist, die Arbeitsleistung der Akkordler ständig zu überprüfen und durch je neue Schätzungen des Leistungsgrades wie durch Senkung der Vorgabezeiten zu erhöhen. Wenn einzelne unserer Arbeiter einmal einen guten Tag haben oder durch irgendwelche Umstände – weil sie vielleicht auf Zigarettenpausen verzichten – den Akkordsatz unerwartet überbieten, so haben die Kalkulatoren dafür Sorge zu tragen, daß diese Leistung gerecht geteilt wird und beide Seiten vor Maßlosigkeit bewahrt bleiben. Mit anderen Worten: Unsere Kalkulatoren und Zeitnehmer sind Schiedsrichter, die auf Regelwidrigkeiten zu achten haben, und zugleich Trainer, die die Arbeitsmannschaft zu Höchstleistungen treiben. Daß sie die Akkordzeiten nicht selten innerhalb kürzester Frist bis zu 50% zu senken vermochten, zeigt, wie hoch ihr Einsatz für das Gesamtergebnis bewertet werden muß.

Mit dem neuen Siemens-Arbeitsbewertungssystem, das nach dem amerikanischen Work-Factor-Verfahren entwickelt wurde, haben wir unsere Lohnfindungsmethode auf eine von uns speziell entwickelte wissenschaftliche Grundlage gestellt. Um für jeden Arbeitsvorgang an der Maschine, am Fließband usw. vorbestimmte Zeiten festzulegen, werden acht Standardelemente des Arbeitsvorgangs unterschieden:

Bewegen, Greifen, Loslassen, Vorrichten, Montieren, Anlegen, Demontieren und die geistigen Vorgänge. Diese acht Elemente werden wiederum in Zeiteinheiten (ZE) vielfach unterteilt. Eine ZE beträgt eine Zehntausendstelminute oder 0,006 Sekunden. Eine Berechnungstabelle – die dem Arbeiter aus naheliegenden Gründen nicht einsichtig gemacht werden kann – enthält, bis ins kleinste aufgeschlüsselt, Angaben darüber, wieviel ZE für jede Bewegung erforderlich sind. So liefert uns das Work-Factor-Verfahren ein hochentwickeltes Instrumentarium, mit dem wir die Steigerung der Arbeitsnormen und des Arbeitstempos mit der Senkung der Löhne – relativ zur Leistung – optimal verbinden können. Diese von uns definierte Rationalität der Bewertung verbessert den richtigen Kräfteeinsatz und damit die betriebliche Personalauslese; und sie läßt das Gefühl, ungerecht belohnt zu werden, meist gar nicht mehr aufkommen.

Doch auch mit diesem System kann ein Nachteil nicht ausgeschaltet werden. Weniger leistungsbereite Arbeiter können sich, wie in letzter Zeit mehrfach zu beobachten, untereinander absprechen, gewisse Richtsätze gemeinsam zu ignorieren oder einander nicht mehr zu überbieten. Damit hintertreiben sie die entscheidenden sozialpolitischen Intentionen des Akkordsystems. Da sich diese Tendenz verstärkt und da wir außerdem in Zukunft mehr als bisher die Qualität der Arbeit bewerten müssen, bereiten wir den Übergang zu einem differenzierten Punktsystem vor, das wir bei Osram und KWU bereits erfolgreich erprobt haben. Nach diesem System ist die Aufsicht durch die betrieblichen Vorgesetzten von besonderer Bedeutung für die Lohnfindung. Die Akkordarbeiter bekommen jetzt für ihre Arbeit keine Zeitvorgabe mehr, sondern Punkte für Menge, Güte, Sauberkeit, Maschinenpflege, Pünktlichkeit, Fügsamkeit usw.

Diese individuelle Lohnfindung verbessert das Betriebsklima. Die immer noch verbreitete Unart, bei Unzufriedenheit die Schuld beim Vorgesetzten oder bei der Betriebsleitung zu suchen, wird abnehmen. Indem wir den Wettkampf des einzelnen Arbeiters um seinen Lohn noch stärker mit dem Wettkampf um das Wohlwollen seines Vorgesetzten verbinden, gestalten wir das Arbeitsleben gerechter und individueller, also: menschlicher. Der Arbeiter kann sich wieder geborgen wissen in der Bindung an eine leitende und beratende Persönlichkeit und braucht sich weniger um die sogenannte Solidarität mit seinen Kollegen zu bemühen. Denn was wäre der Arbeiter ohne diese Geborgenheit, ohne einen sicheren, gesunden und vernünftig organisierten Arbeitsplatz?

Komfort, Gesundheit und Rationalisierung am Arbeitsplatz

Bei diesen und anderen aufwendigen Anstrengungen, ein Optimum an Rationalisierung mit einer individuellen Behandlung der Arbeiter zu kombinieren, muß es verständlich sein, daß für den Komfort am Arbeitsplatz nicht überall übermäßig viele Mittel zur Verfügung stehen. Deshalb ist es dann und wann nicht zu vermeiden, daß Arbeiter mit teils defekten Maschinen und mit unzureichendem Werkzeug zufrieden sein müssen. Daß bei der Organisation der Materialzufuhr oft gespart wird, so daß Akkordarbeiter sich ihr Material selbst holen und

Lohnverluste inkauf nehmen müssen. Daß in manchen Hallen zuweilen akuter Sauerstoffmangel herrscht. Daß der Staub in Schleifereien zu chronischer Bronchitis und Silikose führt, weil die Absauganlagen nur unzureichend funktionieren. Daß Diesel-Gabelstapler ohne Abgasfilter in den Hallen eingesetzt sind. Daß Arbeiter beim Galvanisieren Blausäure einatmen und unter diversen Vergiftungserscheinungen leiden, weil die Abzüge nur funktionieren, wenn kein Wind geht. Daß im Winter bisweilen Heizungskosten gespart werden und daß der Maschinenlärm oft Schwerhörigkeit, Kopfschmerzen, Nervosität und Magengeschwüre unvermeidlich macht. Aber wenn von all diesen gewiß nicht immer erfreulichen Dingen die Rede ist, sollte man nicht vergessen, daß es sich dabei letztlich nur um Randerscheinungen oder übertriebene Empfindlichkeiten handelt. Wie alle menschlichen Umstände können auch die Arbeitsbedingungen nicht für jedermann vollkommen sein.

Alle Jahre wieder, im Sommer, pflegt ein wachsender Teil unserer Arbeiter über die Hitze zu klagen und Klimaanlagen zu fordern. Wir können dazu nur sagen, daß wir uns zu den Investitionen des Klimaanlagenkomforts in den Werkhallen so lange nicht entschließen können, wie die Mehrheit der Mitarbeiter die Hitze und die damit verbundene Lohnminderung zu ertragen bereit ist. So lange auch die Tausende, die in Flachbauten, auf Galerien, neben Öfen, bei Schweißbrennern, Lötlampen usw. eingesetzt sind, willig und fleißig weiterarbeiten.

Fast scheint es, als habe mit der Produktionssteigerung auch der Unfallteufel Hochkonjunktur. Denn allein 1970 mußten wir 7 916 Betriebs- und Wegeunfälle registrieren. Während 1967 von 100 Beschäftigten erst 2,1 von Unfällen betroffen wurden, ist diese Zahl 1970 auf 2,6 gestiegen. Da man hier die Angestellten weitgehend ausklammern darf, kann fast jeder 25. Arbeiter mit einem Unfall pro Jahr rechnen. Weil uns diese Unfälle 998 000 Ausfallstunden kosten (1970), wir also weiteren Schaden von der Gesundheit des Unternehmens abwenden müssen, ergeht an unsere Mitarbeiter die ständige Mahnung zu Umsicht und Vorsicht mit dem Bemerken, daß sie sich viel Ungemach selbst zuzuschreiben haben. Natürlich sind wir uns bewußt, daß diese Tugenden bei der Akkordarbeit nicht immer leicht zu pflegen sind – aber solche Mahnungen stellen immer noch die wirtschaftlichsten Unfallverhütungsmaßnahmen dar. Außerdem sind unsere Sicherheitsingenieure bestrebt, die Unfallzahlen durch zahlreiche vorbeugende Maßnahmen zu dämmen. Wo aber die wachsende Produktion die Arbeitsplätze einengt und gefährlicher macht, wo die Konzentrationsfähigkeit bei dem erforderlichen Arbeitstempo nicht mehr mithalten kann, sind gewisse Opfer – jährlich etwa 7 bis 8 000 Brandwunden, Quetschungen, Prellungen, Beine, Füße, Arme, Hände, Daumen oder gar Todesfälle, weiterhin die nicht exakt zu erfassenden Herz-, Kreislauf-, Bandscheiben-, Nerven- und Magenschäden – als Tribut an unseren Fortschritt offenbar nicht zu vermeiden.

Immerhin sind in unseren Werken 79 Betriebsärzte tätig, davon mehr als die Hälfte hauptberuflich. Sie und die Sanitäter haben die Aufgabe, die Arbeitnehmer bei gesundheitlichen Beschwerden so schnell wie möglich wieder arbeitsfähig zu machen – im allgemeinen durch kostenlose Ausgabe schmerzstillender und aktivierender Tabletten. Bei kleinen und mittleren Unfällen werden die Arbeiter mit einer Karte zum Betriebsarzt geschickt, auf der ein Vermerk »leichte Arbeit vorhanden« steht. So wird die Diagnose und Therapie des Arztes dahingehend beeinflußt, daß er, wenn irgend vertretbar, nicht mehr Arbeiter krankschreibt, als es nach den jeweils vorhandenen Auftragsbeständen sinnvoll erscheint.

Die Hauptaufgabe der Ärzte besteht darin, die Siemens-Tauglichkeit neuer Mitarbeiter genauestens festzustellen und die labilen Bewerber gleich auszusondern sowie den Gesundheitsstand der übrigen Mitarbeiter umfassend zu überwachen. Trotzdem will es ihnen nicht gelingen, die Epidemie des »Krankfeierns« einzudämmen. Jahr für Jahr gehen uns mehr und mehr Arbeitsstunden verloren, besonders seit Einführung des Lohnfortzahlungsgesetzes auch für Arbeiter – 1970 im Inland allein 16,6 Millionen Arbeitsstunden. Wir können die Augen nicht davor verschließen, daß besonders der jüngere und weniger firmenloyale Teil der Arbeiterschaft fast jede Gelegenheit nutzt, der Arbeit fernzubleiben. Einer unserer Direktoren hat diese Problematik so zusammengefaßt: »Die nehmen noch für bare Münze, was der Arzt sagt. Wenn der Arzt sagt, gehen Sie acht Tage ins Bett, dann legen sie sich acht Tage ins Bett. Wenn Ihnen«, so erklärte er Journalisten, »oder mir der Arzt sagt, legen Sie sich acht Tage ins Bett, dann stehen wir am nächsten Morgen wieder auf.«

Wir müssen also Mittel finden, der sinkenden Arbeitsmoral zu begegnen. Wenn die Krankheitstage ein gewisses Maß überschreiten, ziehen wir dem Betreffenden für jeden Fehltag 0,5% seiner Erfolgsbeteiligung ab. Noch in der Probezeit stehende Mitarbeiter werden bei Krankheit meist sofort entlassen. In Krisensituationen müssen die gesundheitlich Labilsten zuerst mit der Entlassung rechnen. Mag der eine oder andere in dieser Situation lieber am Arbeitsplatz seine Krankheiten auskurieren, die später etwas heftiger auftreten, mag sich die Krankheit dadurch womöglich sogar verschlimmern, was dem Mitarbeiter allerdings zur vorzeitigen Pensionierung oder dem Haus zur totalen Rentenersparnis verhelfen kann – wir sehen uns nicht in der Lage, hier grundsätzlich anders vorzugehen.

Gerade die für Arbeitnehmer bedauerliche Kurzarbeit enthält einige positive sozialpolitische Aspekte. Kurzarbeit ist, offen gesagt, fast immer die Folge einer mißglückten Marktprognose, die bei der Unübersichtlichkeit unserer Marktwirtschaft aber nicht immer zu vermeiden ist. Nachdem wir z. B noch 1970 die Kapazitäten für Halbleiter und Bauelemente gewaltig erweitert hatten, stellten wir ab Anfang 1971 plötzlich die beträchtliche Überproduktion auf diesem Sektor fest und mußten mit der Anmeldung der Kurzarbeit für mittlerweile mehr als 10 000 Arbeiter das Krisensignal geben. Wir konnten also den Betroffenen 10 bis 20% weniger Lohn zahlen und dabei, so widersinnig das scheint, durch Erhöhung der Arbeitsintensivität zuweilen nicht viel weniger produzieren lassen als vorher. Auch Investitionen zur weiteren Rationalisierung und Freisetzung von Arbeitskräften sind während der Kurzarbeit reibungsloser durchführbar. Vor allem aber bringt die Unsicherheit der Arbeitsplätze einen niedrigeren Krankenstand und wieder mehr Disziplin in die Fabrikhallen. Nicht wenige

Mitarbeiter, die vor Einführung der Kurzarbeit noch viele Überstunden gemacht und sich, vom Überverdienst ausgehend, zu Anschaffungen entschlossen haben, deren Zahlungslast sie jetzt nicht mehr tragen können, haben ihre Schulden jetzt enger an das Haus gebunden. Diese Zusammenhänge werden von unseren Aktienkäufern durchaus verstanden. Als wir im Mai 1971 Kurzarbeit ankündigten, stiegen die Kurse der Siemens-Aktien erheblich an.

Zu unserem vielschichtigen Rationalisierungsprogramm gehört auch der Abbau von Arbeitsplätzen in der Bundesrepublik und besonders in Berlin. Zum einen erzwingt der Markt Automatisierung und Zusammenlegung der Arbeitsplätze, zum anderen verlagern wir unsere Investitionstätigkeit immer mehr ins Ausland, besonders in Niedriglohnländer (vgl. Unsere Auslandserfolge, S. 43 f.). Deshalb müssen wir Mitarbeiter bestimmter Fertigungszweige aus der Obhut unseres Hauses entlassen, so hart dies den einzelnen erscheinen mag.

Vor Inkrafttreten des neuen Betriebsverfassungsgesetzes entließen wir ganze Montagegruppen oder in den einzelnen Betrieben monatlich nicht mehr als 49 Mitarbeiter – denn erst bei 50 Entlassungen mußten wir die Genehmigung des Arbeitsamtes und Stellungnahme des Betriebsrat einholen. Es sind vor allem die Ausländer, die »Kranken«, die Unruhestifter und die Älteren, denen wir zuerst kündigen oder die Kündigung im eigenen Interesse nahelegen – um die Rentabilität der Werke zu sichern und den übrigen Arbeitnehmern die Arbeitsplätze zu erhalten. Indem wir, wie Dr. Kley es einmal ausgedrückt hat, »auf die Leistungswilligen Rücksicht nehmen und uns von den Leistungsschwachen trennen«, sobald wir nicht mehr auf sie angewiesen sind, leisten wir einen wesentlichen Beitrag zur Verteidigung des Leistungsgedankens unserer Wirtschaftsordnung.

Arbeiterinnen

Besonders herzlich fühlen wir uns unseren weiblichen Mitarbeitern verbunden. Wir wissen ja, was es für eine Frau und Mutter bedeutet, beruflich tätig sein zu müssen. Um den Frauen den Schritt zu Siemens zu erleichtern, bieten wir ihnen zunächst ein positives Berufsbild an. Ihre mehr dienenden Hilfsarbeiter-Tätigkeiten werten wir durch Berufsbezeichnungen wie Montiererin, Löterin, Justiererin usw. auf. Und wir versuchen, ihrem Wunschbild vom idealen Betrieb möglichst nahezukommen, indem wir durch moderne Personalwerbung und Betonung des guten Images unseres Hauses die immer noch negativen Vorurteile gegenüber der Fabrik abzubauen.

Die Frauen kommen fast immer als Ungelernte zu uns, da sie, wenn überhaupt, meist in solchen Berufen ausgebildet sind, in denen sie keine Stelle, ungünstige Arbeitszeiten oder geringen Lohn erhalten. So können wir sie, ohne das Risiko großer Ausbildungsinvestitionen einzugehen, als Angelernte im Akkord beschäftigen und in die Leichtlohngruppen, die untersten vier der elf Lohngruppen, einstufen. Überdies können wir ihnen erheblich weniger Lohn zahlen, auch wenn sie die gleiche Arbeit wie ihre männlichen Kollegen verrichten. Unterm Strich blieben uns dadurch allein 1970 etwa 36 Mio DM.

Diese Zusammenarbeit wird jedoch nicht mehr sehr häufig gepflegt. Normalerweise gesellen wir den produktiv tätigen Frauen Männer als Vorgesetzte zu – Meister, Einrichter, Zeitnehmer, Revisoren, Prüfer, die meist das Doppelte oder mehr als das Doppelte der Frauen verdienen. Der Vorteil dieser Ordnung liegt darin, daß die Frauen ihren möglichen Unwillen gegen die Arbeit, der am Band schon mal auftauchen mag, mehr direkt gegen die Männer und Vorgesetzten und weniger gegen die Regelung der Arbeit als solche richten, was früher oder später zum Produktionsabfall führen müßte. Außerdem versuchen wir durch gewisse Differenzierungen der Arbeiterinnen in Gruppenakkordler und Einzelakkordler, die trotz gleicher Qualifikation unterschiedlich bezahlt werden, für eine gesunde Konkurrenz untereinander zu sorgen.

Wenn einzelne Frauen trotzdem klagen, sei es darüber, daß sie angeblich stets die unangenehmste Arbeit leisten müssen, sei es darüber, daß wir immer weniger Springer einsetzen (d. h. solche, die für kurzfristig vom Band sich entfernende Arbeiterinnen einspringen), sei es darüber, daß die meisten von ihnen angeblich nur mit größter Mühe Nettolöhne zwischen 500 und 600 DM erreichen oder daß angeblich jede zweite Frau unter Sehnenscheidenentzündungen, Bandscheibenschäden, Magenkrankheiten und anderen Modekrankheiten zu leiden hat und daß mehr als 80% aller Arbeiterinnen vor dem Rentenalter berufsunfähig werden – so können wir nur immer wieder betonen, daß die moderne Leistungsgesellschaft nicht immer Rücksicht auf jeden einzelnen nehmen kann. Trotzdem bleiben wir bemüht, durch gute Beleuchtung und ausreichende Belüftung, durch musikalische Ablenkung und durch einen freundlichen, farbenfrohen Anstrich der Arbeitsräume die tägliche Arbeit wesentlich zu erleichtern.

Ausländische Arbeitnehmer

Jeder fünfte Lohnempfänger unserer deutschen Werke kommt aus dem Ausland, hauptsächlich aus der Türkei, Jugoslawien, Griechenland und Italien. Zusammen sind es derzeit knapp 30 000 Gastarbeiter, die an unsere Werkbänke und Fließbänder getreten sind, um dem Wachstum unseres Hauses ihre Arbeitskraft zu leihen. Dank ihrer optimalen Nutzbarkeit im Produktionsprozeß und ihres zähen Fleißes haben sie sich in die Ordnung des Hauses fest eingefügt.

Die Ausländer tragen sowohl zu unserem Wohlstand wie zur wirtschaftlichen und politischen Annäherung ihrer Länder an die Bundesrepublik Entscheidendes bei. Ausbildungskosten fallen dabei kaum an, auch die Sozialkosten sind vergleichsweise gering. Zudem ist die innerbetrieblich-sozialpolitische Bedeutung dieser Arbeitskräfte kaum zu überschätzen. Indem wir die Arbeiten, die am wenigsten Qualifikation verlangen, den ausländischen Kräften anvertrauen, ergeben sich für unsere deutschen Mitarbeiter bessere Aufstiegs- und Anpassungsmöglichkeiten. Wo Deutsche und Ausländer noch nebeneinander der gleichen Tätigkeit nachgehen, nutzen wir die Tatsache, daß die Ausländer gewöhnlich auf der Höhe ihrer Leistungskraft stehen und ihre Kräfte nicht wie die deutschen Mitarbeiter auf Jahrzehnte zu verteilen brauchen, zur Erhöhung der Akkordrichtsätze aus. Darüberhinaus ist die

Flexibilität der Ausländer größer. Wenn Überstunden verlangt werden, genügt bei ihnen oft die Anspielung, daß sie im Weigerungsfall ihren Schlafplatz im Siemens-Wohnheim und ihren Arbeitsplatz einem Leistungswilligeren räumen müssen.

Die Spannungen, die sich aufgrund der unterschiedlichen Leistungsfreude der deutschen Arbeiter und Gastarbeiter ergeben, wirken sich innerbetrieblich keineswegs ungünstig aus. Denn sie werden nicht gegen die Vorgesetzten oder gegen die betriebliche Ordnung gerichtet, sondern unter den Arbeitern verschiedener Nationalitäten ausgetragen. Auch deshalb versuchen wir, die ausländischen Arbeiter untereinander möglichst isoliert zu halten. Die Bandkolonnen werden nicht einheitlich, sondern gemischt nach Nationalitäten und damit nach Leistungsstärke besetzt, damit einzelne Jugoslawen beispielsweise Gelegenheit erhalten, sich gegenüber ihren weniger gut eingearbeiteten türkischen und griechischen Kollegen hervorzutun, und damit etwaiger störender Meinungsaustausch innerhalb der Gruppen unterbleibt.

Natürlich ist es nicht immer leicht, die Mentalität der Gastarbeiter den Formen einer modernen Industriegesellschaft anzupassen. Deshalb ist es nur zu begreiflich, wenn sie von ihren Vorgesetzten zuweilen weniger schonend als ihre deutschen Kollegen behandelt werden und wenn ihnen bei Fehlern und Unpünktlichkeit mit der Kündigung und dem Abtransport in ihre Heimatländer geroht wird. Auch muß dann und wann eine harte Sprache gesprochen werden. Allerdings weisen wir Meldungen entschieden von uns, nach denen in Einzelfällen schwangere Ausländerinnen vor die Alternative gestellt wurden, entweder ihr Kind abtreiben zu lassen bzw. nach der Geburt abzugeben oder ihre Entlassung zu akzeptieren. Bezeichnenderweise versuchen linke Elemente immer wieder, auf den Flammen solcher Gerüchte ihr trübes rotes Süppchen zu kochen.

In schwierigen Konjunkturphasen sind es nicht immer die Ausländer, die zuerst entlassen werden. Abgesehen davon, daß wir uns damit selber der leistungsfreudigsten Kräfte berauben würden, läßt das geltende Recht, nach dem die Gastarbeiter Anspruch auf Gleichberechtigung haben, solche Einseitigkeit auch gar nicht zu. Also geben wir denen, die wir in Krisenfällen entlassen wollen, zunächst einfachere und weniger gut bezahlte Arbeitsplätze, bis ihre Arbeitsverträge ablaufen und wir uns von ihnen trennen.

Eine besondere Gruppe von »Gastarbeitern« soll von unserem Dank nicht ausgeschlossen bleiben. Wir meinen die Häftlinge, die, innerhalb oder außerhalb der Mauern ihrer Strafanstalt, im Rahmen der Arbeitstherapie für das Haus Siemens tätig sind. Dafür entrichten wir beispielsweise der Berliner Strafanstalt Tegel 16 bis 18 DM pro Tag und gefangenen Arbeiter, unsere Osram GmbH zahlt 17,50 DM. Dieses Entgelt geht zum größten Teil an die Justizvollzugsämter weiter; doch winken immerhin ca. 20% dieser Summe den Gefangenen als Belohnung.

Seit Jahrzehnten genießt unsere Lehrlingsausbildung im In- und Ausland einen beispielhaften Ruf. In unseren Lehrwerkstätten, Montage- und Fertigungsabteilungen bilden wir gegenwärtig etwa 11 000 junge Mitarbeiter in rund 30 Berufen aus. Mit einer differenzierten Stufenausbildung, die den unterschiedlichen Begabungen Rechnung tragen soll, teilen wir die Auszubildenden in verschiedene Gruppen ein: 1) Lehrlinge, die qualifizierte Facharbeiter werden, 2) Lehrlinge, die einfache Facharbeiter bzw. Spezialarbeiter werden und 3) Lehrlinge, die Anlernlinge bzw. Hilfsarbeiter werden. Die Vorteile dieses neuen Systems liegen u. a. darin, daß ein großer Teil der Auszubildenden relativ frühzeitig für den Produktionsprozeß einsatzfähig wird, daß vor allem die Spezialarbeiter durch eine sehr betriebsbezogene Ausbildung dem Hause verbunden werden und daß durch die Differenzierung schon frühzeitig gesunde Überlegenheits- bzw. Unterlegenheitsgefühle entwickelt werden können.

Leider stehen der Jugend zumeist nicht genügend Erziehungskräfte gegenüber, weshalb diese wenigen manchmal umso schärfer durchgreifen müssen. Da mag es dann schon einmal vorkommen, daß der Erziehung zu Pflicht, Ordnung, Achtung und Unterordnung mit handfesten Maßnahmen nachgeholfen werden muß. Wenn allerdings gewisse Kreise immer wieder die alten Geschichten aufwärmen, wonach Lehrlingen von Ausbildern Ohren eingerissen, Fingernägel mit dem Messer abgeschnitten, Hände in die Drehbank eingedrückt, sie mit den Köpfen zusammengestoßen, mit Handkantenschlägen, Ohrfeigen usw. gezüchtigt und beim Putzdienst zum eigenhändigen Entfernen von Exkrementen genötigt wurden – so können wir dazu guten Gewissens erklären, daß 1. die Prügelstrafe abgeschafft ist, daß es sich 2. nur um wenige aufgebauschte Vorfälle aus dem Münchner Raum handelt und daß 3. im Prinzip auch harte Erziehungsmittel noch keinem echten Siemensianer geschadet haben.

Wie wir alle wissen, werden die Erziehungsprobleme heute nicht gerade leichter. Deshalb haben wir für unsere Auszubildenden u. a. einen Beurteilungsbogen entwickelt, in dem den Haltungsnoten (Betragen, Fleiß, Ordnung) mehr Raum als den Leistungsnoten (Güte, Zeitaufwand) gewidmet ist. Außerdem sind wir bemüht, unseren jungen Mitarbeitern u. a. folgende Grundlagen für ein gedeihliches Zusammenarbeiten beizubringen, die von Werk zu Werk unterschiedlich gehandhabt werden: Sauberkeit; Rede-, Sitz- und Anlehnverbot während der Arbeitszeit; die ordnungsgemäße Einholung der Erlaubnis vor dem Gang zur Toilette; das Verbot des Zeitungslesens auch in den Pausen; Rauchverbot, auch für über 16jährige, und teilweise auch in 2 km Umkreis des Betriebes; die Unschicklichkeit modischer Kleidung und abnormer Haarlänge; den ertüchtigenden Frühsport; das sachgemäße Säubern von Werkhallen, Maschinen, Waschräumen, Toiletten usw.

Bei Lehrlingen, die nicht am Ausbildungsort wohnen und in unseren Vertragsheimen untergebracht sind, müssen die Erziehungsmaßnahmen naturgemäß umfassender sein. Diese gehen jedoch selten über religiöse Pflichtübungen, Offenlegung der Korrespondenz, Bußgelder und zweifache Bestrafung bei Verfehlungen hinaus, die selbstverständlich vom Heim an die Firma und umgekehrt gemeldet werden.

Geht man davon aus, daß die Ausbildungszeit so intensiv wie möglich genutzt werden soll, so kann man uns auch nicht zum Vorwurf machen, daß wir zuweilen die Erholungspausen der Lehrlinge verkürzen oder sie über ihre formalen Beschwerdemöglichkeiten nicht aufklären. Oder daß wir sie die Berichtshefte nicht während der Arbeitszeit schreiben lassen – jedenfalls solange, bis die Lehrlinge auf das Berufsbildungsgesetz pochen. Damit sie nicht schon frühzeitig gewerkschaftlicher Demagogie zum Opfer fallen, sehen wir uns gezwungen, den Jugendvertretern nur ein enges Betätigungsfeld zu lassen oder sie zu versetzen oder zu kündigen, wenn sie allzu aktiv werden. Diese notwendigen Erziehungsaufgaben erschwert das neue Betriebsverfassungsgesetz bedauerlicherweise in einigen Punkten.

Während die Lehrlinge unserer Beteiligungsgesellschaft Blohm + Voss schon im ersten Lehrjahr mit den Aufgaben und Problemen der Rüstung vertraut gemacht werden, lassen wir unsere eigenen Lehrlinge erst vom dritten Lehrjahr an zur Steigerung des Selbstbewußtseins wöchentlich 20 Produktionsstunden ableisten. Dabei sind die Auszubildenden dann oft weiteren Lernens entbunden – sei es deshalb, weil sie auf Baustellen eingesetzt werden, die sich in terminlichen Schwierigkeiten befinden, oder weil dort kein Monteur auf Kosten seiner Prämie fachliche Unterweisungen gibt. Schließlich ist es für alle Seiten von Vorteil, wenn sie, freilich etwas außerhalb des Berufsbildungsgesetzes, schon frühzeitig an Akkordarbeiten oder akkordähnliche Arbeiten gewöhnt werden. Und nicht zuletzt tragen berufsfremde Nebenarbeiten wie die Herstellung der beliebten Kerzenständer, Zwiebelkästen, Autodachständer oder schmiedeeiserne Abschiedsgeschenke für Direktoren zur Auflockerung des Ausbildungsalltags bei.

Da die Ausbildungskosten für das Haus nicht unerheblich sind, kann den Lehrlingen für diese Arbeiten höchstens ein kleiner Zuschlag auf ihre Erziehungsbeihilfe – die heute zwischen 200 und 325 DM liegt – gegeben werden. Einen gewissen Kostenausgleich erzielen wir allerdings dadurch, daß wir den Kunden für Lehrlingsarbeit den halben Satz eines Facharbeiters anrechnen und den Akkordhelfern, wenn sie nicht Lehrlinge wären, zuweilen das vierfache des Lehrlingslohns zu vergüten wäre. Wenn als Folge dieser Tätigkeiten oder der stark betriebsbezogenen Ausbildung zu befürchten ist, daß die Mehrzahl der Lehrlinge unserer Werkberufsschulen ihre Abschlußprüfung nicht besteht, lassen wir sie einen Aufbaulehrgang bei der Industrie- und Handelskammer besuchen und dort das nötige Rüstzeug für die Prüfungen erwerben. Wo uns diese Ergänzung für den Betriebszweck nicht erforderlich scheint, scheitern eben nicht selten ein Drittel der Prüflinge.

Gewisse Erziehungsschwierigkeiten und kleinere Mißstände, die hin und wieder an die Öffentlichkeit geraten, sind bedeutungslos angesichts der Tatsache, daß es uns Jahr für Jahr gelingt, mehrere Tausend von technisch und kaufmännisch interessierten jungen Menschen, Lehrlinge und Praktikanten, in die große Siemens-Familie zu integrieren und zu willigen und aufnahmebereiten Arbeitskräften heranzubilden.

Unsere Lohn- und Vermögenspolitik

Das Haus Siemens hat immer Wert darauf gelegt, den Grundsatz »Jede Arbeit ist ihres Lohnes wert« in der Weise zu verwirklichen, daß jeder Mitarbeiter entsprechend seiner Leistung bezahlt wird. Die Grundlage für die Bemessung des Arbeitsentgelts geben die Tarifverträge, die allerdings dem Leistungsgedanken nicht immer ausreichend Rechnung tragen. Deshalb bedarf es zusätzlicher Maßnahmen zur Unterstützung des Strebens des einzelnen nach Anerkennung seiner Leistung und Leistungsbereitschaft.

Wie weit unser Bestreben geht, die Leistungen der Mitarbeiter möglichst genau festzustellen und gerecht zu belohnen, ist oben bereits bei den verschiedenen Beschäftigungsgruppen angedeutet worden. Hier seien unsere allgemeineren Gesichtspunkte noch einmal zusammengefaßt: Da die traditionellen Lohnanreizsysteme wie das Akkordsystem nach und nach ihre stimulierende Wirkung verlieren – weil die ständige Erhöhung der Richtsätze oft mehr Unwillen als Anreiz stiftet –, versuchen wir mit einer Vermenschlichung der Lohnfindung neue Ordnungen zu schaffen.

Die immer komplizierter gewordene Menschenführung verlangt ein ausgefeiltes System der Leistungsverhaltensbewertung, das den Mitarbeitern durch ständige Erziehungsarbeit die ihnen gebührende Stellung im Betrieb zuweist. Partnerschaftliches, loyales Verhalten der Mitarbeiter wird also in Zukunft die Grundlage der Anreizwirkung. Außerdem werden die Einkommen durch Prämien- und Erfolgsbeteiligungszuweisungen noch elastischer gestaltet. Diese elastischen Einkommens-Konzessionen verhindern das Aufkommen von Verhaltensweisen, die den planmäßigen Funktionsablauf schädigen könnten, wirksamer als die offene personelle Reglementierung und die ökonomische Existenzbedrohung, die zum unternehmerischen Instrumentarium früherer Zeiten gehörten.

Solche Zugeständnisse sind für uns umso leichter zu verkraften, je weiter der Anteil der Lohnkosten an den Gesamtkosten zurückgeht. Denn trotz der gewaltigen, ja oft unverantwortlichen Lohnsteigerung der letzten Jahre liegen die Löhne und Gehälter relativ zum Umsatz immer noch niedriger als vor 10 Jahren, als wir 35,5% vom Inlandsumsatz an die Inlandsbelegschaft zahlten. Heute sind es dagegen 33,5% – auf Weltumsatz und Gesamtzahl der Mitarbeiter gerechnet, sogar nur 32,7%.

Dabei sind die gesamten Löhne und Gehälter allein von 1969 bis 1971 um 39% auf 3 958 Mio DM gestiegen. Ende des Geschäftsjahres 1970/71 erhielt der durchschnittliche Siemensianer, Führungskräfte eingerechnet, 1 410 DM pro Monat brutto – auf Siemens-Welt bezogen 1 310 DM. Wie sieht das im Einzelfall aus? Ausgebildete Facharbeiter kommen mit einigen Überstunden heute auf ca. 900 DM netto im Monat. Die im Akkord stehenden Monteurerinnen und Wicklerinnen tragen, wenn sie ihr Soll um ein Sechstel übertreffen dürfen, ca. 630 DM nach Hause.

Auch wenn man, was hier für einen Augenblick erlaubt sei, die Lohnexplosion aus der Sicht der Arbeitnehmer und Gewerkschaften betrachtet und konstatiert, daß die Lohnerhöhungen durch wesentlich erhöhte Lohnsteuern und sonstige Abgaben, durch erhöhte Preise für Wohnung, Verkehrsmittel und Gesundheit, durch wachsende Verschuldung und die damit verbundene Lohnpfändung, durch teilweise fortfallende Überstunden und die negativen Auswirkungen neuer Lohngruppeneinstufungen usw. großenteils wieder wettgemacht werden, so darf man nicht vergessen, daß das Haus Siemens für seine treuen Mitarbeiter eine Reihe von außerordentlichen Leistungen bereithält.

Da gibt es zunächst die schöne Einrichtung des betrieblichen Verbesserungsvorschlagswesens. Jeder Mitarbeiter kann sich eine Geldprämie dazuverdienen, wenn er einer Kommission Vorschläge einreicht, wie man Geld sparen und Arbeit vereinfachen kann. Selbstverständlich werden bevorzugt die Vorschläge anerkannt und honoriert, die weniger die Arbeit einzelner erleichtern als dem gesamten Haus nützen: verbesserte Produkte, Werkzeuge oder Maschinen, kürzere Produktionszeiten und teilweise Einsparung von Arbeitskräften. Natürlich können diese Prämien nichts anderes sein als ein kleiner materieller Anreiz dafür, mehr und aktiver zum Wohle des gesamten Hauses beizutragen.

Die in den letzten Jahren in der Öffentlichkeit viel diskutierte Beteiligung der Belegschaft am wirtschaftlichen Erfolg ihres Unternehmens beruht bei uns auf einer nunmehr hundertjährigen Tradition. Werner Siemens' Grundgedanke, die Interessen des Hauses mit denen der Mitarbeiter durch eine Gewinnbeteiligung zu verbinden, ist auch heute noch die Richtschnur unseres Handelns. So haben heute knapp zwei Drittel aller Mitarbeiter jährlich Anspruch auf eine ansehnliche Erfolgsbeteiligung. Deren Höhe richtet sich nach der Dividende, nach der Lohn- bzw. Gehaltsgruppe und der Dauer der Firmenzugehörigkeit. Für Fehlzeiten von mehr als fünf Tagen (oder je nach Altersstufe bis zu 30 Arbeitstagen) werden pro Tag 0,5% der Erfolgsbeteiligung abgezogen. Die Brutto-Beträge, die freilich noch den gesetzlichen Abgaben unterliegen, bewegen sich zwischen 231 DM (ohne Abzüge für Fehltage) und 2 520 DM für mittlere Führungskräfte.

Diese freiwillige Erfolgsbeteiligung müssen wir gegen unseren Willen demnächst durch ein tariflich abgesichertes 13. Monatsgehalt ersetzen. Damit verlieren wir bedauerlicherweise auch eine Reihe von sozialpolitischen Vorteilen. Zum einen erfordert unser Verfahren weniger Ausgaben. Zum anderen ist es mittels der Dividendenpolitik regulierbar. Zum Dritten hilft es zur Senkung des Krankenstandes. Und nicht zuletzt festigt die Erfolgsbeteiligung das Band zwischen Unternehmen und Mitarbeiter. Denn je länger er bei uns tätig ist, desto weniger wird er sich entschließen können, seinen steigenden Zuwendungen zu entsagen und das Haus zu verlassen. Wenn er wirklich gehen und dennoch in den Genuß seiner Erfolgsbeteiligung kommen will, die für das jeweils am 30.9. abgeschlossene Geschäftsjahr berechnet wird, muß er bis zum Auszahlungstag im März oder April des folgenden Jahres warten. Und im April wird sich auch keiner leicht dazu entschließen, uns untreu zu werden, da er dann seinen Anspruch auf den vollen Urlaub und auf die halbe Erfolgsbeteiligung verlieren würde. Mitarbeitern, die wir nicht entbehren wollen, wird also das Ausscheiden etwas schwerer gemacht.

Eine neue, noch modernere Form der leistungsstimulierenden Vermögensbildung sehen wir darin, möglichst viele Mitarbeiter durch Aktienbesitz an unserem Haus zu beteiligen, womit der verantwortungsvolle Mitbesitz der Arbeitnehmer am Produktivvermögen Wirklichkeit wird (vgl. Unsere Aktionäre, S. 59). Jährlich bieten wir ihnen bis zu vier Siemens-Aktien zu einem Vorzugspreis von 156 DM pro Aktie (im Nominalwert von 50 DM) an. Dieser Preis ist auf das Vermögensbildungsgesetz abgestimmt. Vier Aktien, also 624 DM, können nach diesem Gesetz steuer- und sozialversicherungsfrei und sparbegünstigt angelegt werden. Dank dieses Winks mit zukünftigem Vermögen können wir den Mitarbeitern 303% des Nominalwerts der Aktien abfordern, während unsere Aktionäre bei Kapitalerhöhungen für neue Aktien nur 200% anzulegen brauchen. Zwar müssen wir die Aktien, die wir an die Belegschaft weitergeben, zum größten Teil an der Börse zum Tageskurs erwerben, der zwischen 350 und 500% des Nominalwerts liegt. Der Differenzbetrag zwischen Börsenpreis und Mitarbeiterpreis schlägt uns jedoch nicht als Verlust zu Buche, sondern kann unter dem Posten Sonstige Aufwendungen von Steuer und Gewinn abgesetzt werden. So brauchen wir für diese großartige Aktion nur die Bankspesen aufzubringen.

Für das Gefühl, Mitunternehmer zu sein, legte schon fast ein Drittel unserer Inlandsbelegschaft 624 DM und mehr von ihrem außertariflichen Lohn bzw. Gehalt an – meist aus der Erfolgsbeteiligung. Die Mitarbeiteraktien machen z. Z. einen Wert von 34 Mio DM aus, das sind 2,9% vom Grundkapital. Diese Aktien werden nach Erwerb fünf Jahre bei einer Bank verwahrt, solange ist deren Verfügung und Veräußerung den mitarbeitenden Aktienbesitzern gesetzlich verwehrt, auch wenn es in der Zwischenzeit zur Kündigung gekommen sein sollte.

Die Siemens-Familie

Leistungsbereitschaft und Integrationswillen lassen sich jedoch nicht allein mit materiellen Anreizen erkaufen. Sie gründen ebenso auf geistigen und gefühlsmäßigen Werten. Deshalb ist das Haus Siemens von jeher bestrebt, seinen Mitarbeitern ein Zusammengehörigkeitsbewußtsein zu vermitteln, das ihnen helfen soll, gerade im Zeitalter des Verfalls überkommener Werte und des Wandels in der Arbeitswelt, in ihrer beruflichen Heimat auch den Halt und Bezugspunkt für ihr Leben zu sehen.

In der Grundordnung des Hauses, die anläßlich der Neuorganisation des Unternehmens im Oktober 1969 inkraft trat, steht das optimale Zusammenwirken der Menschen an der Spitze der Forderungen. Es heißt dort: »Gutes Betriebsklima, Freude an der Arbeit, voller Einsatz für die Bewältigung von Aufgaben gedeihen aber nur in einer Gemeinschaft, in der bestimmte Qualitäten und Verhaltensweisen ihrer Angehörigen selbstverständlich sind. Hier stehen berufliche Begabung und Sachverstand einerseits, Charakter und Zusammenarbeitsbereitschaft andererseits in ihrer Bedeutung für das reibungslose Funktionieren der Organisation gleichwertig nebeneinander.«

Allerdings kommt dies Gemeinschaftsbewußtsein in unserer schnelllebigen Zeit nicht von allein, es muß oft noch anerzogen werden. Als beispielsweise der Präsident der Vereinigten Staaten von Amerika, Richard Nixon, Anfang 1969 in einer Fabrikhalle in Siemensstadt zu uns allen sprach, mußten wir sorgfältig die 5 000 Siemensianer mit den besten charakterlichen Eigenschaften auswählen – auf etwa vier Angestellte kam ein Arbeiter – und mit vollem Einsatz auch Beifall und Jubel über eine Viertelstunde lang üben lassen. Aber die Zusammenarbeit funktionierte! Da auch die Lehrlinge den Sprechchor »Haho-he, Nixon ist o. k.« in der Berufsschule sorgfältig einstudiert hatten, konnten wir dem Präsidenten und seinen Begleitern sowie Millionen von Fernsehzuschauern in Ost und West das unvergeßliche Bild einer freien, dankbaren und enthusiastischen Betriebsgemeinschaft vermitteln.

Wir erwarten von unseren Mitarbeitern, auch außerhalb des Betriebs unseren guten Ruf zu erhalten und zu vergrößern. Deshalb sind wir unablässig bemüht, den Mitarbeitern zu erklären, warum es auch in ihrem Interesse liegt, über Ärger, Pannen, Meinungsverschiedenheiten usw. außerhalb des Hauses nicht zu sprechen. Wir ermahnen unsere 300 000 Meinungsträger, nicht allzu unbekümmert und nicht einseitig über ihre berufliche Heimat zu reden. Ja, wir regen sie an, in ihrem Bekanntenkreis auch einmal über technische Leistungen, internationale Erfolge oder neue Wege der Unternehmensführung und Sozialpolitik zu sprechen. So versuchen wir zu verhindern, daß sich unseren Kunden, unseren künftigen Mitarbeitern oder gar dem Geist des Hauses fernstehenden Kräften Schlußfolgerungen aufdrängen, die unser aller Wohl aufs Schwerste gefährden könnten.

Den Gemeinschaftsgeist fördert auch der Mitarbeiter, der unsere Konsumgüter verbrauchen hilft – besonders dann, wenn gewisse Zweige unseres Geschäfts in Bedrängnis geraten, wie es z. B. unseren Hausgeräten vor wenigen Jahren zugestoßen ist. In den eigens für Mitarbeiter eingerichteten Für-Uns-Verkaufsstellen bieten wir Haushaltsgeräte, Unterhaltungsgeräte, Schallplatten usw. mit einem Preisnachlaß von durchschnittlich 6% gegenüber dem Einzelhandel an. Da die Geräte im Großhandel oder Discount oft noch billiger sind, werben wir unsere Mitarbeiter-Kunden mit einem kostenlosen Reparaturdienst. So stiftet auch hier das Gemeinschaftsbewußtsein, unterstützt von kräftiger Werbung durch die Werkzeitschrift, hohe Umsätze (ca. 50–100 Mio DM jährlich) und durch die hohe Handelsspanne, die uns zufällt, nicht unbeträchtliche Einkünfte. Außerdem ist dadurch eine gewisse Absatzquote gesichert; von unserer Hausgeräteproduktion gehen beispielsweise ca. 6% an unsere Mitarbeiter.

Unsere gemeinschaftsfördernde soziale Arbeit macht an den Grenzen des Betriebsgeländes nicht halt. Zu unseren besonderen Sozialleistungen gehört unsere Betriebskrankenkasse. Wir unterhalten ferner mehrere firmeneigene Erholungsheime, die jetzt sogar von Angestellten und Arbeitern gemischt besucht werden können – ein wichtiger Schritt der sozialen Angleichung. Für die immer noch bestehenden sozialen Härtefälle haben wir etwa 70 Betriebsfürsorgerinnen eingesetzt. Mit zahlreichen Fußballmannschaften und anderen Sportgruppen, mit Chören, Orchestern, Fotogruppen und Werkbüchereien bieten wir unseren Mitarbeitern entspannende Freizeitbeschäftigungen. Ebenfalls geben Werkswohnungen zahlreichen Mitarbeitern Sicherheit und Heimat.

Immer größere Aufmerksamkeit schenken wir der beruflichen Weiterbildung und Qualifizierung zum Aufstieg der Mitarbeiter. Jeder, der vorwärtsstrebt und sein berufliches Schicksal mit dem des Hauses verbindet, darf, wenn er begabt, fleißig und zuverlässig ist, damit rechnen, eine Tätigkeit zu finden, die ihm, wenn er das Zeug dazu hat, die Möglichkeit zum Vorwärtskommen bietet. Selbstverständlich muß er sich zuvor bewährt haben. Wer darüber hinaus ernsten Willen zu besonderen Leistungen und die rechte menschliche Haltung zeigt und bereit ist, sich kameradschaftlich in den Betrieb und in den engeren Arbeitskreis einzuordnen, braucht sich um sein Fortkommen nicht zu sorgen (vgl. Unsere Bildungspolitik, S. 63). Am Ende eines langen Siemens-Lebens erwartet die Mitarbeiter, die das Rentenalter erreichen, ein Zuschuß zu ihrer Sozialversicherungsrente aus unserer nunmehr 100 Jahre bestehenden Pensionskasse (vgl. Unsere Geschichte, S. 12).

Das Gefühl der Zusammengehörigkeit bei über 300 000 Menschen zu wecken und zu vertiefen, ist gerade in der heutigen Zeit keine leichte Aufgabe. Unserer Werkzeitschrift »Siemens-Mitteilungen« wird man jedoch attestieren müssen, daß sie diese Aufgabe mit viel Geschick und Phantasie anzupacken vermag. Die große weite Siemens-Welt wird mit vielen Prominenten, die vor unseren Produkten fotografiert werden – vom Bankier Abs zum Fußballer Eusebio, von Prinz Philip bis zum Schah von Persien, bis zu deutschen Ministern und den führenden Männern unseres Hauses – ebenso eingefangen wie mit bilderreichen Reportagen über die vielfältigen Aktivitäten unseres Hauses.

Neben dem Ansporn zu größeren Leistungen und zum Kauf von Siemens-Geräten und -Schallplatten steht die Aufklärung über wirtschaftspolitische Zusammenhänge im Mittelpunkt der monatlich erscheinenden Hefte. Dabei geht es vor allem darum, sozialistischen Scheinargumenten den unternehmerischen Standpunkt entgegenzusetzen, der Linkspresse den Wind aus den Segeln zu nehmen und die gemeinsamen Interessen von Führung und Belegschaft rückhaltlos, aber nicht ohne humanitären Anstrich zu formulieren. Und wenn unsere Mitarbeiter die in – neuerdings auch kritischen! – Leserbriefen selber zu Wort kommen dürfen, Negatives zu berichten haben, so gelingt es den »Siemens-Mitteilungen« immer wieder, das Vertrauen in die Gerechtigkeit und den Geist der Zusammenarbeit, der uns groß gemacht hat, wieder herzustellen und zu vertiefen.

Die Erhaltung unserer Wettbewerbsfähigkeit verlangt auch in Zukunft sozialpolitische Pioniertaten. Eine dieser Taten liegt in dem Abbau der noch bestehenden Unterschiede zwischen Arbeitern und Angestellten. Durch größere Rationalisierung der Angestelltentätigkeit und Entwicklung des Verantwortungsbewußtseins bei den Arbeitern wird die Gleichstellung aller Beschäftigten erreicht, was die Stimulierung des ernsten Willens zur Zusammenarbeit aller Mitarbeiter wesentlich fördern wird. Wenn diese Gleichstellung die Gefahr einer stärkeren Eintracht der gesamten Arbeitnehmerschaft heraufbeschwören sollte, werden wir dem mit den oben beschriebenen Mitteln der Bewertungsförderung und der Förderung der Mitverantwortlichkeit einzelner durchaus zu begegnen wissen.

Wer bei allen diesen betrieblichen Vorzügen und sozialen Leistungen noch meint, sich gewerkschaftlich organisieren zu müssen, dem legen wir selbstverständlich kein Hindernis in den Weg. Schon deshalb nicht, weil ohnehin nur 5% unserer Arbeitnehmer bei der IG Metall organisiert sind. Und auch diese wenigen Gewerkschaftsmitglieder, besonders diejenigen mit verantwortungsvollen Ämtern im Gesamtbetriebsrat und Aufsichtsrat, haben sich bislang zum größten Teil harmonisch in die Siemens-Familie einfügen lassen. Offene Aussprache, umfassende Information, gegenseitige Achtung und Verständnis erleichtern uns die Lösung gemeinsamer Fragen. Ja auch dann, wenn größere Teile der Belegschaft in Unruhe geraten, dürfen wir damit rechnen, daß die Betriebsräte ihre Verantwortung ernst nehmen.

Als wir z. B. 1970 den traditionellen bezahlten »Siemens-Feiertag« am Pfingstdienstag abschafften, fiel den Betriebsräten die Aufgabe zu, die aufgebrachten und teilweise sogar streikenden Mitarbeiter zur Raison zu bringen, die Diskussionen und Betriebsversammlungen zu diesem Thema zu unterbinden und bei der Kündigung der Störenfriede zu helfen, die eigenmächtig ihr Recht auf Unterschriftensammlung zur Einberufung einer Betriebsversammlung mißbrauchen zu müssen meinten. Wir erwarten, daß die Betriebsräte unvorhergesehene Forderungen der Belegschaft registrieren und abfangen, wenn sie über den Rahmen unternehmerischen Wollens und Könnens hinausgehen. Unter guter Zusammenarbeit verstehen wir auch, daß die Betriebsräte von ihren Mitspracherechten nicht allzu beflissen Gebrauch machen.

Dieses schöne Zusammenspiel der Kräfte verspricht auch unter den Bedingungen des neuen Betriebsverfassungsgesetzes fortgesetzt zu werden. Denn der Grundsatz der vertrauensvollen Zusammenarbeit zum Wohle der Arbeitnehmer und des Betriebs steht nach wie vor obenan. Der zweite tragende Grundsatz beinhaltet die Verpflichtung, alles zu unterlassen, was den Betriebsfrieden stören könnte. Das dritte große Positivum liegt darin, daß die Arbeitnehmervertreter im Aufsichtsrat der Schweigepflicht unterliegen, so daß wichtige Informationen nicht an die falsche Adresse geraten können. Zwar schreibt das neue Gesetz u. a. auch mehr Rechte für die Jugendvertreter, verschärfte Kündigungsbestimmungen und die Möglichkeit der Einsichtnahme in die Personalakten vor – aber wir werden uns noch einige Modifikationen einfallen lassen, damit wenigstens die Diskretion bei dem wichtigen Teil der Führungsakten erhalten bleibt.

Bei so vielen Mitwirkungs- und Mitbestimmungsrechten muß es jedermann einleuchten, daß wir der Forderung nach gewerkschaftlicher Mitbestimmung so hart und so lange wie möglich entgegentreten. Natürlich sind auch wir der Meinung, daß Mitbestimmung am Arbeitsplatz ein berechtigtes Anliegen der Arbeitnehmerschaft ist. Wenn aber betriebsfremde Gewerkschaftsvertreter in unserem Hause das Wort haben sollen, müssen wir schwerste Störungen der unternehmerischen Ordnung befürchten.

Wir wollen nicht ganz ausschließen, daß bei den zukünftigen Anforderungen der beschleunigten Rationalisierung und Intensivierung der

Arbeit mögliches Unbehagen der Arbeitnehmer durch verstärktes Heranziehen der gewerkschaftlichen Interessengruppe abgefangen werden muß. Wenn es dabei jedoch nicht gelingt, die Gewerkschaftler zu integrieren, werden für die schöpferische Freiheit des Unternehmens verheerende Folgen entstehen. Die Arbeitnehmerseite könnte dann ermuntert werden, weitere Forderungen und »Rechte« anzumelden, Aufhebung der Friedens- und Schweigepflicht durchsetzen wollen usw. Deshalb gilt es auch hier den Anfängen zu wehren.

Wie gefährlich die Auseinandersetzung mit den Arbeitnehmern werden kann, zeigt die Verschärfung und Politisierung der Streiks der letzten Jahre, von denen auch unser Haus nicht verschont geblieben ist. In der schwierigen Situation im Herbst 1971 mußten wir mit Hilfe des persönlichen Engagements unseres Aufsichtsratsvorsitzenden, Peter von Siemens, und des Vorstandsvorsitzenden, Bernhard Plettner, und mit Hilfe umfassender publizistischer Gegenmaßnahmen (vgl. Unsere Informationspolitik, S. 62) auf den Widersinn solcher Aktionen hinweisen. Auch mußten wir mit beschwichtigenden, einzeln zugestellten Briefen und mit bereitliegenden Flugblättern zur Einhaltung der sozialpartnerschaftlichen Regeln auffordern.

Für den Streikfall haben wir einen Notstandsplan zur Hand, der u. a. die Verlegung unserer Streik-Zentrale in Zweigbetriebe, die Beschaffung von Ausweichdruckereien für Flugblatt-Aktionen und den Kontakt mit der Polizei regelt. Außerdem werden Fotoapparate mit Tele-Objektiven und Tonbandgeräte bereitgehalten, um gegebenenfalls Beweismaterial für die Gerichte zu sichern. Und schließlich sind wir in der Lage, zu den Leitern unserer Ausländerwohnheime und zu anderen Schaltstellen Funkbrücken herzustellen, falls die Telefonzentralen besetzt werden. Solche Abwehrmaßnahmen mögen dem einen oder anderen übertrieben scheinen – wir kämen auch lieber ohne sie aus. Wir wissen aber auch: Für die legitime Verteidigung der stabilen Grundlage unserer wirtschaftlichen Ordnung darf kein Mittel zu aufwendig sein. Mit der gelegentlichen kostenlosen Verteilung der ›Bild-Zeitung‹ an den Arbeitsplätzen ist es ja leider nicht getan.

Wir wollen nicht leugnen, daß es auch im Hause Siemens eine ganz, ganz kleine Minderheit von Leuten gibt, die die Aufforderungen unserer Führungskräfte, den Kampf um unsere Ordnung an allen Fronten zu führen, allzu wörtlich nehmen und ihrerseits uns den Kampf erklären. Diesen unternehmensfeindlichen Kräften wissen wir jedoch mit den bewährten Mitteln zu begegnen – so kompromißlos es das Betriebsverfassungsgesetz, die Betriebsräte und die öffentliche Meinung erlauben. Diese Leute sind bedauerlicherweise nicht selten auf dem linken Flügel der Gewerkschaften zu finden, oft sogar im Vertrauensleutekörper. Deshalb müssen wir den Vertrauensleuten bisweilen untersagen, sich im Werk zu versammeln. Oder wir müssen einzelne aus der Siemens-Familie ausstoßen oder zumindest unerbittlich mit dem Ausstoß drohen.

Wenn sich gewisse Gruppen anmaßen, den Namen Siemens und das geschützte Zeichen des Hauses im Kopf einer sogenannten Betriebszeitung zu verwenden, sehen wir uns gezwungen, ihnen einen Prozeß anzudrohen. Wenn solche Gruppen ihre demagogischen Ergüsse vor unseren Toren verteilen und dann noch aufwieglerische Kundgebungen veranstalten, schrecken wir sie durch unseren Werkschutz ab, der solche Arbeiter, die diesen Gruppen zuhören oder gar durch Zeitungskauf mit ihnen Kontakt aufnehmen, fotografieren und so unsere »schwarzen« Listen, die eigentlich rote Listen heißen müßten, ergänzt.

Wenn diese Leute die Betriebsversammlungen zu ihrem Forum machen wollen, werden sie mit der Regelung abgeschreckt, ihre Redebeiträge zuvor schriftlich einreichen zu müssen. Wenn sie dennoch das Wort ergreifen, soll und wird ihnen das Rederecht entzogen oder das Mikrofon abgedreht. Und gewisse Scharfmacher und Wichtigtuer müssen eben früher oder später freigesetzt oder systematisch entmutigt werden. Und wenn dann ein Störenfried behauptet, die Geschäftsleitung werfe Leute aus dem Betrieb, die offen reden, müssen wir ihn wegen Störung des Betriebsfriedens, also aus innerbetrieblichen Notwendigkeiten entlassen.

Wir wollen und können diese Integrationsprobleme nicht verharmlosen. Gerade in unserer Gesellschaft, die in einem nicht immer kontrollierbaren Gärungsprozeß begriffen ist, kommt es darauf an, die Flexibilität zu finden, mit der die Mitverantwortung aller Kräfte innerhalb des Unternehmens in ein ausgewogenes Verhältnis gebracht werden kann. Das bisher Erreichte verpflichtet zur konzentrierten Arbeit für die Zukunft.

Wir sind am Ende dieser Festschrift. Aber es bleiben noch viele Fragen offen. Fragen wie diese: Wie wird es weitergehen mit Siemens?

Kein Unternehmen darf sich auf den Lorbeeren des Erfolgs ausruhen. Jeder, der unsere Wirtschaft kennt, weiß: Stillstand ist schon das Ende. Wer bestehen will, muß der Zukunft ins Auge sehen. Die Aufgaben der Zukunft sind aber noch weniger als die der Gegenwart von einzelnen Großunternehmen allein zu projektieren und zu lösen, sondern nur von der Gesamtindustrie. Deshalb haben wir einen neutralen Experten gebeten, für diese Schrift eine Art Nachwort und einen Ausblick in die Zukunft zu schreiben. Wir danken Dr.-Ing. Günther von Weber vom Industrie-Institut für Technologisches Management (I.T.M.) in München-Grünwald, für seinen aufschlußreichen, aufrüttelnden Beitrag.

Blick in die Zukunft – anstatt eines Nachworts

Von Dr.-Ing. GÜNTHER VON WEBER

Ich werde versuchen, in aller Kürze den Rahmen für das Handeln der modernen Industrie in unserer technologischen Zukunft abzustecken. Meine Fragen lauten: Wo stehen wir? Was wollen wir? Welche Bedingungen müssen erfüllt werden, damit wir unsere Ziele optimal durchsetzen können?

Wir stehen heute mitten in einer explosiven Phase des Kapitalismus. Das klingt übertrieben. Aber die Probleme, denen unsere Wirtschaftsordnung – die, zugegeben, das Wort Kapitalismus nicht immer genau genug umgreift – konfrontiert wird, waren noch nie so gravierend und vielschichtig, aber für dynamische Manager und Unternehmer auch noch nie so reizvoll wie heute.

Was will die Wirtschaft? Sie hat die materiellen Voraussetzungen für ein freies Leben zu schaffen. Dazu braucht sie Wachstum, Ausdehnung der Märkte und eine weitgehende Kontrolle des technischen und des Humanbereichs. Der reibungslosen Realisierung dieser Aufgabenkomplexe stehen jedoch noch eine Reihe von Schwierigkeiten im Weg. Zunächst solche, die aus der relativen Unvollkommenheit unserer Wirtschaftsordnung resultieren. Zu diesem Druck der Realität kommt der Druck der Ideologie: beunruhigende welthistorische Entwicklungen, die sich in verschiedenen Umfeldern verschieden ausprägen, die aber alle mehr oder weniger auf die Negation der Privatwirtschaft hinauslaufen.

Wer als Unternehmer oder Manager vor diesen Erscheinungen resigniert, ist fehl an seinem Platz. Er hat sie unternehmerisch, d. h. als Herausforderung zu begreifen. Er hat sich an der Realisierung und Optimierung eines komplexen Zielsystems zu beteiligen, das ich im folgenden skizzieren will.

1. Verbesserung des ideologischen Klimas. Die leidige Diskussion um den Privatunternehmer und seine gute oder ungute Rolle als wirtschaftlicher Entscheidungsträger wird wegen des Nachwachsens jüngerer Manager-Generationen sicherlich früher oder später versiegen. Trotzdem bleiben alle Ordnungskräfte verpflichtet, das ideologische Klima zu verbessern – einfach weil die tendenzielle Feindlichkeit gegenüber kapitalistischen Prinzipen auch einem extrem sachbezogenen Management die Arbeit nicht gerade erleichtert. Deshalb müssen zunächst die ständigen Attacken auf die Marktwirtschaft, auf das Eigentum an Produktionsmitteln und auf die freie Entfaltung von Großunternehmen aus prinzipiellen Gründen zurückgeschlagen werden – umso mehr, als diese Kritik verstärkt auch beim allerjüngsten Wirtschaftsnachwuchs einen beunruhigend fruchtbaren Boden zu finden scheint. Die Geringschätzung, denen die kreativ-unternehmerische Leistung heute begegnet, und die Verteufelung des Gewinns als »Profit« müssen deshalb bekämpft werden, weil sie sich schließlich in Steuergesetzen niederschlagen, die die Privatwirtschaft zwar nicht »knebeln und knechten«, wie das Handelsblatt m. E. übertrieben schreibt, aber doch bedrängen. Es ist einfach peinlich, wenn führende Unternehmer und Manager der drittgrößten Industriemacht des Westens sich als Prügelknaben der Nation fühlen müssen und sich in die Isolation gedrängt sehen.

2. *Gesellschaftspolitische Offensiven.* Unser Ordnungssystem ist nicht defensiv zu erhalten und zu verbessern, sondern nur im Angriff. Fritz Dietz, Otto Wolff von Amerongen u. a. ist also voll zuzustimmen, wenn sie sagen, daß die Unternehmer die Demokratie nicht anderen überlassen dürfen. Die Öffentlichkeit muß politisch und psychologisch über die Unentbehrlichkeit der Privatwirtschaft aufgeklärt werden. Das Vertrauen in unsere Wirtschaft muß wiederhergestellt, ihre negativen Begleiterscheinungen auf rechte Proportionen zurückgedrängt werden. Dazu brauchen wir systemimmanente und systemstabilisierende Selbstkritik. Wir brauchen auch permanente Public Relations-Kampagnen, um uns insbesondere der nach Freiheit rufenden jungen Generation verständlich zu machen. Der Auftrag der Wirtschaftler besteht also nicht allein darin, aus dem engen Gehäuse der geschäftlichen Tätigkeit auszubrechen, sondern ebenso darin, sich als aktive Elemente auch in anderen Lebensbereichen zu etablieren und dort offensiv zu wirken.

3. *Beschleunigung des Wachstums.* Nur ein stetig hohes Wachstumstempo kann die Voraussetzungen für Investitionen und für die Wiederbeschäftigung der durch technologische Umwälzungen freigesetzten Arbeitskräfte schaffen und uns alle vor den unangenehmen Folgen einer allzu großen Arbeitsplatzunsicherheit bewahren. Nur ein konzentriertes Wachstum garantiert den ökonomischen Spielraum für die Bindung der Entwicklungsländer und für die sozialpolitische Manövrierfähigkeit in Europa. (Allein die Siemens AG erwartet, wenn ich richtig informiert bin, Ende der siebziger Jahre einen Jahresumsatz von 25 bis 30 Mrd DM; bei einer Verdoppelung der Umsätze nach je 10 Jahren sind also für das Jahr 2000 etwa 100 Mrd. DM Umsatz zu prognostizieren.)

4. *Konzentration der Kräfte.* Keine Wachstumsbeschleunigung ohne Konzentration der Kräfte. Die unabänderlichen Fusionen und Kooperationen werden das demokratische Ideal der Chancengleichheit aller durch das Ideal der gerechten Auslese der Großen ersetzen. Da jeder Teilnehmer am Wettbewerb die Erreichung maximaler Marktanteile und in letzter Konsequenz die Erringung von Marktmonopolen will, wird der Staat allerdings gewisse optische Regelungen übernehmen und die Planung (vgl. Punkt 7) koordinieren müssen. Also: Monopolartige Unternehmen sind prinzipiell richtig – nur sollten sie werbliches Geschick zeigen und dem Käufer weiterhin eine demokratische Vielfalt von Markennamen präsentieren.

5. *Konzentration der Marktführer.* Die Konzentration bleibt langfristig nur dann wirtschaftspolitisch sinnvoll, wenn sie den Marktführern zugutekommt. Denn nur die großen multinationalen Konzerne mit Milliarden-Kapital, fundiertem Know-how und weitreichenden Rationalisierungsmöglichkeiten werden in Zukunft noch die Möglichkeit haben, den Konjunkturkrisen auszuweichen, die Inflationstendenzen durch Währungsflexibilität wenigstens teilweise auszugleichen und die marktorientierte Wirtschaftsordnung auch in den Ländern mit unterentwickelten Märkten offensiv genug zu vertreten. (Den Lesern dieser Schrift sage ich nichts Neues, wenn ich die vorbildliche Kooperations-

bereitschaft der Siemens AG hervorhebe. Hier weiß man, daß man trotz Fusionskontrolle und Kartellgesetz »erst am Anfang einer großen Welle der Zusammenarbeit und Zusammenschlüsse« [Ernst von Siemens] steht. Es liegt nahe, daß Siemens der glücklichen Ehe mit AEG auf einzelnen kapitalintensiven und zukunftsträchtigen Gebieten eines Tages die Form einer klassischen Totalfusion gibt und auch international weitere ansehnliche Verbindungen knüpft.)

6. *Staat als Folgekostenträger.* Weiterhin muß es gelingen, die Kosten gesamtwirtschaftlich erforderlicher Reformen weniger auf die Wirtschaft abzuwälzen als auf alle zu verteilen. Das betrifft nicht nur die enorm zu steigernden Ausgaben für Bildung, Forschung und Investitionen. Das gilt ebenso für Infrastruktur und allgemeine Umweltprobleme. Schon das – an den Erfordernissen der Zukunft gemessen – bescheidene Wachstumstempo des letzten Jahrzehnts hat mit der Automatisierung und Chemisierung der Produktion eine relativ bedrohliche Verunreinigung von Wasser und Luft gebracht; darüberhinaus die explosive Vermehrung von Abfallstoffen, die Zerstörung von Naherholungsräumen durch Schmutz und Lärm, die Verschlechterung der Verkehrsbedingungen und der durch Umwelteinflüsse strapazierten Gesundheit der Menschen. Diese Entwicklung wird als Preis für Produktivität und Fortschritt wohl oder übel inkauf genommen werden müssen. Denn die öffentlichen Ausgaben für Umwelt- und Gesundheitsschutz müssen auf dem Weg über das unablässige Wachstum der Industrie finanziert werden, das ohne wachsende Schmutz- und Lärmbelästigung derzeit nicht zu erreichen ist.

7. *Koordinierung technologischer Planungen.* Wir überleben nur, wenn wir unser Überleben planen. Im betriebswirtschaftlichen Bereich durch neue mathematische Planungstechniken und Prognoseverfahren. Im volkswirtschaftlichen Bereich durch präzise Methoden des technological forecasting. Des weiteren brauchen wir Institute, die die Planungen der großen Konzerne koordinieren – hier darf ich auf unser Institut verweisen – und mit denen des Staates abstimmen, wie es z. B. im Industrie-Institut für technologische Entwicklungslinien (ITE) in Hannover geschieht. (Auch dieses Institut ist bekanntlich der Siemens AG eng verbunden, die bis vor kurzem den Präsidenten des ITE stellte.) Aber es muß mehr von diesen Einrichtungen geben, die auf der Basis wirtschaftsfreundlicher futurologischer Konzeptionen das gesamtgesellschaftliche Wachstum programmieren. Und diese Koordinationsinstitute müssen noch effektiver arbeiten, damit sichergestellt wird, daß die Wirtschaft dem Entwicklungsstand nicht folgt, sondern ihn macht.

8. *Konzentration der Information.* Nicht nur unter planungstechnischen, auch unter sozialpolitischen Aspekten werden die zukünftigen Informationsmengen zu sichten sein. Die gesellschaftspolitisch entscheidenden Informationen müssen in der Verfügung der wirtschaftlichen und staatlichen Ordnungskräfte konzentriert bleiben.

9. *Staatsdemokratie.* Die unausweichlichen Koordinierungen und Kooperationen werden den Staat stärker und funktionsfähiger machen. Die traditionelle Regierungsform der parlamentarischen Demokratie wird dabei notwendig gewissen Modifikationen ausgesetzt sein. Diese

Notwendigkeit ergibt sich ebenfalls aus innenpolitischen Zwangsläufigkeiten, da beispielsweise die Milliardensummen, die allein der Kampf für sauberes Wasser, saubere Nahrung und saubere Luft erfordern wird, durch Abstriche an sozialen Ausgaben, durch Konsumbeschränkung und Steuererhöhungen aufgebracht werden müssen, wodurch Unmut unter der breiten Bevölkerung nur schwer zu vermeiden sein wird. Diesem wiederum muß – wie auch bereits öffentlich diskutiert – »mehr Staat« entgegenstehen, ein Staat, der im Verein mit der Wirtschaft neue Formen des Krisen-Managements zu entwickeln hat.

10. Vor-Krisen-Management. Die bestehenden Institutionen für Nach-Krisen-Management müssen ersetzt werden durch Institutionen für Vor-Krisen-Management, deren Aufgabe es sein wird, sich anbahnende soziale Krisen im voraus zu erkennen und Programme zu ihrer Bewältigung zu entwickeln. Konflikte auf dem Weg zur durchrationalisierten Wohlstands- und Wachstumsgesellschaft werden unvermeidlich sein. Aber es muß gelingen, die Lösung dieser Konflikte auf schlichte Verwaltungs- und Programmierungsaufgaben zu reduzieren.

11. Integration der Bürger. Alle Zukunftspläne haben nur dann Aussicht auf Erfolg, wenn der einzelne Bürger durch eine feste soziale Stellung und den Konsens in bezug auf die Grundwerte der Gesellschaft integriert bleibt. Wenn es gelingt, Konflikte, Widersprüche und Unzufriedenheiten von ihm fernzuhalten. Dabei genügt es nicht, ihm die ungetrübte Sicht auf das Geschehen unserer Tage zu vermitteln. Und es genügt nicht, ihm durch Vermögensbildung und Aktien das Gefühl des Mitbesitzes am Produktivvermögen zu geben, das er dann bei den Verantwortlichen in sachkundigen Händen weiß. Es gilt vielmehr, neue Lebensinhalte zu schaffen, die der drohenden inneren Verödung begegnen, wie sie sich einstellt, wenn die materiellen Bedürfnisse gedeckt sind.

12. Neue Wertsysteme. Bislang hat es ausgereicht, mit dem Hinweis auf unsern Hauptfeind, den Kommunismus, die breiten Massen der freiheitlichen Ordnung zu verpflichten. Diese Aufklärung erweist sich bedauerlicherweise immer weniger als überzeugend und effektiv genug. Wenn die unternehmerisch-industrielle Freiheit langfristig gesichert werden soll, muß der materialistischen Weltanschauung ein ebenso geschlossenes System menschlicher und wirtschaftlicher Wertvorstellungen gegenübergestellt werden. Während der Kommunist für seine Gesellschaft, der Japaner für seine Nation als Wirtschaftsmacht arbeitet, ist es bisher nur unzureichend gelungen, dem westeuropäischen Arbeitnehmer ein Ziel zu geben, wenn man einmal von Lohn und Gehalt und dem Wohl seiner Firma absieht. Hier müssen noch große gesellschaftspolitische Lösungen gefunden werden, die auch die Frage nach dem Sinn kapitalistischen Wirtschaftens überzeugend beantworten.

13. Persönlichkeitsprogrammierung durch Medien. Je mehr die Arbeitszeit, die ja auch eine gewisse Steuerung der Arbeitnehmer ermöglicht, reduziert wird, desto reizvollere Lenkungsmechanismen müssen für die Freizeit gefunden bzw. fortentwickelt werden. Elektronik, Daten- und Lasertechnik müssen helfen, permanent wohldosierte Programme anzubieten, denen sich niemand mehr zu entziehen wünschen sollte. Mit einer unendlichen Fülle von unterhaltenden Informationen müßte es möglich sein, gesellschaftsfremde Wertvorstellungen nach und nach ganz zu eliminieren. Die zunehmende Automation und die Verringerung der körperlichen Arbeit werden jedoch zu einem großen Aggressionspotential führen, das sich in Gewalttätigkeit und Kriminalität entlädt, wenn es nicht gelingt, durch eine intensive Verwaltung und eine Programmierung mit ablenkenden Aufträgen und Zerstreuungen die Aggressivität zu kanalisieren. Diesen Bedürfnissen werden auch die Massenmedien mehr und mehr entgegenkommen müssen. Am besten wäre es freilich, dem Verfall der menschlichen Beziehungen eine verbindliche Moral entgegenzusetzen. Solch einer Moral müßte es gelingen, die seelischen Dispositionen zu schaffen, die das optimale Funktionieren der Menschen im technologischen Wohlfahrtsstaat garantieren.

14. Persönlichkeitsprogrammierung durch Naturwissenschaften. Wenn diese integrative Moral nicht durchschlagend genug sein sollte, werden früher oder später die Genetiker und Chemiker zum Einsatz kommen müssen. Diese Wissenschaftler arbeiten bereits heute an zahlreichen Verfahren, die unauffällige und schmerzlose Observierung der Bevölkerung zu verbessern und die Qualität des menschlichen Denkens und Agierens zu beeinflussen. So müßte es ihnen ab 1980 gelingen, mit Drogen zur Veränderung des Persönlichkeitsbildes systemfeindliche Kräfte zu befrieden. Ab 1990 wird es möglich sein, biochemische Integrations- und Kampfmittel einzusetzen, deren Einsatz nur schwer nachweisbar sein wird. Vom Jahr 2000 an könnte wichtigen Personen operativ oder medikamentös zur dauernden Anhebung des Intelligenzniveaus verholfen werden – unliebsame oder in ihrer gesellschaftlichen Funktion beschränkten Personen hingegen wird der Aktionsradius besser vorgegeben werden können. Ab 2010 dürfte es möglich sein, die unmittelbare Einführung von Informationen in das Gehirn in Angriff zu nehmen. Schonin naher Zukunft also werden jene Wissenschaftszweige, die heute maßgeblich zur Stabilisierung unserer gesellschaftlichen Ordnung beitragen, Psychologie und Soziologie, abgelöst werden durch Elektronik, Bioelektronik, Biochemie, Chemie und Genetik.

15. Bindung des Weltkommunismus. Tag für Tag stehen wir, ohne uns dessen immer bewußt zu sein, in Konkurrenz zur inhumanen Planwirtschaft sozialistischer Länder. Deren Erfolge oder Mißerfolge bestimmen auch mehr oder weniger die Glaubwürdigkeit unserer blühenden, demokratischen Wirtschaftsform. Wir müssen also durch Kooperationen und Handelsverpflichtungen auch die Sozialisten auf den Pfad einer marktorientierten Wachstumspolitik führen und damit konfliktabhängiger machen. Wenn diese Beeinflussung nicht gelingen will, wird nicht auszuschließen sein, daß die Planwirtschaft, sofern sie mit weniger materiellem und menschlichem Verschleiß arbeitet, eines Tages zu Ergebnissen kommen wird, die wir nur mit größtem technologischen und propagandistischen Aufwand wieder wettmachen können. Wir brauchen sowohl für die innenpolitischen wie für die außenpolitischen Integrationsaufgaben ein zweckdienliches Bild vom Sozialismus. Die Wahnvorstellung, der Kapitalismus müsse beseitigt werden, weil allein der Sozialismus zu einer menschlicheren und vernünftigeren Gesellschaft führe, ist immer noch am überzeugendsten zu widerlegen mit dem Verweis auf geringen individuellen Wohlstand und jenes graue Einheitsglück, das großen Persönlichkeiten keine Entfaltungsmöglichkeiten läßt. Ob und wann der, zugegeben, kühne Vorschlag von Bundesminister a. D. F.J. Strauß, einige kommunistische Staaten einfach zu beseitigen, ernsthaft zu prüfen sein wird, muß heute noch offen bleiben.

16. Bindung der Dritten Welt. Es ist kaum zu vermeiden, daß die weiße Bevölkerung einem immer stärkeren Druck der farbigen Bevölkerung aus den Entwicklungsländern ausgesetzt sein wird. Der Druck wird auch bei drastisch gesenkten Geburtenraten in massivster Form entstehen, wenn die farbige Weltbevölkerung den gleichen Anspruch auf die Rohstoffvorräte wie die Völker mit hohem Lebensstandard zu erheben beginnt. Deshalb muß die derzeitige Arbeitsteilung aufrecht erhalten bleiben: Die Entwicklungsländer dienen uns als Rohstofflieferanten und Absatzmärkte, wir liefern ihnen die benötigten Produkte. Diese Zusammenarbeit muß in Zukunft noch mehr durch Investitionen der Industriestaaten in den unterentwickelten Ländern stabilisiert werden. Denn nur wenn es gelingt, die Entwicklungsländer im gleichen Maß von uns abhängig zu machen wie wir von ihnen abhängig sind, bleiben die Aussichten auf ein optimales wirtschaftliches Wachstum und damit auf die vollendete Beherrschung unserer kapitalistischen Ordnung realistisch.

Jeder Ansatz von politischer und wirtschaftlicher Selbständigkeit dieser Länder, der zur Verteuerung der Rohstoffe und zur Verkleinerung unserer Absatzmärkte führt, ist auf die Dauer tödlich und deshalb geschickt abzublocken. Wir können heute noch nicht prognostizieren, was zu geschehen hat, wenn unser wirtschaftspolitisches Instrumentarium nicht mehr ausreicht, der unterernährten und wenig produktiven Volksmassen Herr zu bleiben, die sich in den nächsten 30 Jahren sogar noch verdoppeln werden. Auf jeden Fall wird man sich auf harte Kämpfe einstellen müssen.

17. Befriedung der Dritten Welt. Die weißen Politiker sind also gut beraten, wenn sie an den bewährten Relationen der Friedenskosten festhalten. Die Europäer werden einen wachsenden Teil der knapp 200 Mrd Dollar übernehmen, die allein in den USA jährlich für die Rüstung ausgegeben werden – einer Summe, die dem gesamten Nationaleinkommen der Länder der Dritten Welt entspricht. Auch die Rüstungstechniker sind gut beraten, wenn sie neben dem System der Hochrüstung spezielle Kampfmittel für große Volksaufstände fortentwickeln. Gerade in dieser Hinsicht wird eine fortschrittliche Befriedungstechnologie ihre Feuerprobe bestehen müssen. Es müßte gelingen, die zu erwartenden Aufstandsbewegungen mit neuen, sehr wirksamen elektronischen und biochemischen Methoden produktiv zu bekämpfen. Es müßte gelingen, diese Verbesserungen über den Polizei- und Militärsektor hinaus auch prophylaktisch wirksam werden zu lassen (vgl. Punkt 14).

Hier darf es keine falschen Sentimentalitäten geben: Die auf dieser Erde vorhandenen Rohstoffe reichen nun einmal nicht aus, um der gesamten Weltbevölkerung den Lebensstandard zu verschaffen, der heute in den USA selbstverständlich ist. Zwar wird man die Nahrungsmittelproduktion noch verbessern und neue synthetische Rohstoffe nutzen können, aber es wird weiter große Standardunterschiede geben müssen, wenn unser so wunderbar effektives ökonomisches System Balance halten soll. Wer meint, an den Pfeilern dieser Ordnung rütteln zu müssen – und sei es aus dem subjektiv verständlichen Wunsch nach »Befreiung« –, wird mit der harten Entschlossenheit derer zu rechnen haben, die diese Ordnung geschaffen und der Vollendung nahegebracht haben.

18. Überwindung der Wachstumsangst. Wir halten auch nicht viel von den Umweltschutz-Hysterien und Weltuntergangs-Visionen, wie sie sich in letzter Zeit wieder häufen. Am meisten Aufsehen hat bisher die Studie des renommierten Massachusetts Institute of Technology erregt. Diese Forschergruppe hat mit Hilfe ausführlicher Computerrechnungen den Untergang der Menschheit für das Jahr 2100 vorhergesagt, wenn das Wachstum der Bevölkerung und der Industrieproduktion nicht spätestens 1990 aufhört und stabil bleibt. Die daraus abgeleitete Forderung nach einem Null-Wachstum der Industrieproduktion ist in unserer Wirtschaftsordnung völlig absurd, ja unmöglich. Mögen die Wissenschaftler ihre Schreckbilder, nach denen das Ende der Ressourcen und die Umweltverschmutzung die industrielle Basis einstürzen lassen und nach denen ausgerechnet das industrielle Wachstum der Menschheit Hunger, Krankheit und Elend bescheren soll, noch so mathematisch absichern und noch so drastisch ausmalen – gute Unternehmer und Manager werden darauf, wenn es wirklich so weit kommen sollte, wie gewohnt zu reagieren haben: mit entschlossenem Handeln. Jede neue Situation eröffnet auch ein vielfältiges Spektrum unternehmerischer Neuerungen. Auf jeden Fall werden sie dafür kämpfen, daß sie nicht die ersten unschuldigen Opfer möglicher Turbulenzen sein werden.

19. Keine Zeit verlieren. Bei der Durchsetzung dieser einzelnen Ziele, bei der Lösung dieser und anderer Konfliktpunkte zu zögern, heißt, die bisherigen großartigen Erfolge und unser Überleben aufs Spiel zu setzen. Ich hoffe deutlich gemacht zu haben: Wir gehen einer Auseinandersetzung entgegen, über deren Härte noch nicht überall eine klare Vorstellung herrscht. Wer bestehen will, hat nicht mehr viel Zeit zu verlieren: Unsere Zukunft wird heute entschieden.

Quellenverzeichnis

Bücher:
K. Busse, Werner von Siemens. Bad Godesberg (Inter Nationes) 1966
E. Czichon, Der Bankier und die Macht. [H. J. Abs] Köln (Pahl-Rugenstein) 1970
E. Czichon, Wer verhalf Hitler zur Macht? Köln (Pahl-R.) 1967
C. Grossner, Ein militärisch-industrieller Komplex in der Bundesrepublik? In: R. Barnet, Der amerikanische Rüstungswahn. Reinbek (Rowohlt) 1971
H. Haug/H. Maessen, Was wollen die Lehrlinge? Frankfurt (Fischer) 1971
B. Heinrich, D-Mark-Imperialismus. Berlin (Voltaire) 1971
J. Huffschmid, Die Politik des Kapitals. Frankfurt (Suhrkamp) 1969
–, Die Bilanzanalyse – am Beispiel Siemens. In: B. Kelb, Betriebsfibel. Berlin (Wagenbach) 1971
G. Kegel, Ein Vierteljahrhundert danach – Das Potsdamer Abkommen und was aus ihm geworden ist. Berlin (Staatsverlag der DDR) 1970
J. Kocka, Unternehmensverwaltung und Angestelltenschaft am Beispiel Siemens 1847 – 1914. Stuttgart (Klett) 1969
J. Kuczynski, Die Geschichte der Lage der Arbeiter unter dem Kapitalismus. Band 2, 3, 4, 5, 6, 7, 11, 12, 13, 14, 15, 16, 17. Berlin (Akademie-Verlag) 1953 – 1966
A. Lange, Das wilhelminische Berlin. Berlin (Dietz) 1967
H. Markus, Die Macht der Mächtigen. Düsseldorf (Droste) 1970
C. Matschoß, Werner Siemens. Ein kurzgefaßtes Lebensbild [. . .] 2 Bände. Berlin 1916
O. Neumann, Wer plant unsere Zukunft? Berlin (Verlag+Druck) 1970
G. Ogger, Friedrich Flick der Große. München (Scherz) 1971
K. Pritzkoleit, Wem gehört Deutschland? Düsseldorf (Rauch) 1956
K. Pritzkoleit, Gott erhält die Mächtigen. Düsseldorf (Rauch) 1951
K. Pritzkoleit, Männer Mächte Monopole. Düsseldorf (Rauch) 1953
D. Rost (Hrsg.), So wirbt Siemens. Kommunikation in der Praxis. Düsseldorf (Econ) 1971
D. Schmidt u. a., Entschleierte Profite – Bilanzlesen leichtgemacht. Frankfurt (NVG) 1971
F. Seidenzahl, 100 Jahre Deutsche Bank. Im Auftrage des Vorstandes der Deutschen Bank AG, Frankfurt 1970
Georg Siemens, Der Weg der Elektrotechnik – Geschichte des Hauses Siemens. 2 Bände. Freiburg (Alber) 1961
–, Carl Friedrich von Siemens. Ein großer Unternehmer. Freiburg (Alber) 1960
Gerda v. Siemens, Den Gefährten auf ihrem Lebensweg – Als ein unverlierbares Stück Heimatland hingegeben von ihrer Mutter Ellen von Siemens, geb. von Helmholtz. Erinnerungsbuch. 2 Bände. Berlin (Privatdruck) 1911
Werner v. Siemens, Lebenserinnerungen. Leipzig (Reclam) 1943. 17. Aufl. München 1966
P. Sweezy/ H. Magdoff, Anmerkungen zur multinationalen Korporation. In: Sozialistisches Jahrbuch 2. Berlin (Wagenbach) 1970
F. Thoma, Herrschen durch Vorbild und Vorzugsaktien – Die Siemens. In: Thoma (Hrsg.), Die modernen Monarchen. München (List) 1970
S. v. Weiher, Werner von Siemens. Göttingen (Musterschmidt) 1970
Autorenkollektiv, Der Imperialismus der BRD. Berlin (Dietz) 1971
Autorenkollektiv St. Pauli Werftausschuß, Blohm & Voss. Geschichte einer Werft – Beispiel eines Rüstungsbetriebes. Dortmund (Weltkreis) 1971
Zeitungen, Zeitschriften:
Apopress (Köln), Der Arbeitgeber, Arbeitersache (Regensburg), Berliner Extradienst, Blick durch die Wirtschaft, Capital, Deutsche Zeitung/Christ und Welt, DWI-Berichte, elan, Frankfurter Allgemeine Zeitung, Frankfurter Rundschau, Handelsblatt, Der Kern (Bremen), Klassenkampf (Berlin W.), konkret, Kursbuch, Lehrlings-Zeitung (Hamburg), manager magazin, Neues Rotes Forum, Rote Betriebskorrespondenz (Berlin W.), Rote Korrespondenz (München), Siemens-Lehrling/Lehrlinks (München), Siemens-Mitteilungen, Der Spiegel, Süddeutsche Zeitung, Der Tagesspiegel, Die Wahrheit, Die Welt, Wirtschaftswoche, Unsere Zeit, Die Zeit.
Außerdem:
Geschäftsberichte, Werbe- und Informationsbroschüren der Siemens AG; einschlägige Handbücher und Standardwerke.

Wesentliche Hinweise erhielt ich von Siemensmitarbeitern und -kennern aus Berlin West, Bonn, Bremen, Frankfurt, Hamburg, Köln und München.

Der Verfasser (c/o Verlag Klaus Wagenbach, 1 Berlin 31, Jenaer Str. 9) ist bereit, eventuelle Fragen nach detaillierten Quellenangaben zu beantworten.

Bemerkungen zur Methode

Warum Festschrift? Bei der Überlegung, mit welcher Prosatechnik sprödes ökonomisches Material mit etwas Witz und literarisch wirksam verarbeitet werden könnte, bot sich diese Form an. Das methodische Prinzip dieser Festschrift ist die Nachahmung, die politische und literarische »Kunst, in anderer Leute Köpfe zu denken« (Brecht). In diesem Fall sind es die Köpfe der Unternehmer und Manager der Siemens AG. Die Übung dieser Kunst wurde durch die Vielfalt des Materials (vgl. Quellenverzeichnis) sehr erleichtert. Da ich zugleich möglichst viele Fakten, die mir wichtig schienen, einarbeiten wollte, wird der Witz der Sache möglicherweise durch Faktenhäufung hin und wieder gefährdet.

Zahllose Siemens-Original-Zitate und Satzelemente sind in den Text einmontiert – diese Stellen wurden jedoch nicht durch Kursivsatz gekennzeichnet, weil die wörtlichen Zitate und die nachempfundenen »Zitate« bei dieser Darstellungsart nicht zu trennen sind. Der Stil (vom ausschweifenden Selbstlob bis zum Understatement) sollte als Ideologieträger kenntlich gemacht werden. Die großen ideologischen Ausbrüche weichen selten von belegbaren Äußerungen führender Wirtschaftler ab. Der Festschriftton wurde durch das »Wir« und das Mittel des Euphemismus hergestellt: Die beschönigende Umschreibung von Fakten, das Selbstlob auch bei heiklen, widersprüchlichen Fragen, incl. die selbstlobende Selbstkritik.

Daß diese Festschrift trotzdem anders ausfällt als eine denkbare echte Siemens-Festschrift, hat gute Gründe. Natürlich ist meine Festschrift »einseitig« – aber weniger einseitig als die mir bekannten Selbstdarstellungen der Siemens AG. Warum? Die Unternehmersprache (bzw. die Sprache dienstbarer Firmen-Schriftsteller) läßt die Unternehmerinteressen zumindest öffentlich nicht hinter dem Nebel des Allgemeinwohlgeredes hervortreten, allenfalls aus Versehen; deshalb habe ich solche Versehen bewußt konstruiert. Ein zweiter Unterschied: Ich habe (was echte Fest-Schriftsteller vermeiden) die kapitalistische Ideologie mit der kapitalistischen Praxis konfrontiert. Daß dabei aufklärende Effekte entstehen, die sich antikapitalistisch auswirken, ist nichts Neues; und natürlich habe ich besonders gern solche Fakten ausgewählt, die zu der Ideologie der freien Marktwirtschaft und dem sozialen Anspruch des Siemenskonzerns im Widerspruch stehen.

Hier liegt aber auch das größte methodische Problem. Mit dem Instrument dieser Sprache, die ihre Absichten gewöhnlich verblümt, lassen sich selten präzise Aussagen machen, können die grundlegenden Interessen und Widersprüche eines Großkonzerns nur unzureichend deutlich gemacht werden. Deshalb muß es öfter mal zu Verfremdungen und zu Brüchen kommen. An mehreren Stellen werden Leser, die nach Einheit der Form verlangen, sagen: »Das würden die Autoren der Siemens AG nie schreiben.« Gewiß. Aber mir liegt nichts an der Leser-Illusion, es handle sich um eine Festschrift, die einer echten Siemens-Festschrift möglichst nahe kommen soll – sondern ich benutze die Form Festschrift instrumentell, als Kunstform. Die Brüche sind also einerseits unvermeidlich, andererseits nötig. Sie und die Fiktion einer Perspektive, die in Wahrheit nicht die des Autors ist, zeigen überdies, daß diese Kunstform literaturtheoretisch als Satire zu bezeichnen wäre.

Der Nutzen dieser Dokumentarsatire könnte darin liegen, über die Vermittlung lehrreich kombinierter Fakten und unbekannter Details hinaus dem Leser das Bewußtsein zu schärfen, diese Sprache der raffinierten Selbstrechtfertigung als Herrschaftstechnik zu durchschauen. Ich hoffe, dem Leser dadurch ein gewisses Vergnügen zu verschaffen, daß er diesen ständigen Formulierlügen – d. h. dem Machtapparat, der ihn auch mit seiner scheinrationalen Sprache zu desorientieren versucht – immer weniger auf den Leim geht.

An der Siemens AG, das muß noch einmal gesagt werden, gibt es nichts auszusetzen – vom Standpunkt der Kapitalisten aus. Ich habe Siemens also weder als Warentester noch als Betriebswirt, aber auch nicht als Maschinenstürmer oder Moralist behandelt. Siemens stand Modell für einen expansiven Großkonzern, für Machtkonzentration, moderne Ausbeutung und Widersprüchlichkeit technischer Leistungen. Daß dabei nicht der technische Fortschritt an sich anzugreifen ist, sondern die gesellschaftlichen Verhältnisse, in denen er entwickelt, und die gesellschaftlichen Zwecke und Herrschaftsinteressen, für die er eingesetzt wird, hoffe ich verdeutlicht zu haben. Wo nicht, wird die Fortsetzung der Klassenkämpfe auch solche Differenzierungen erleichtern.

Das Manuskript wurde Mitte Juni 1972 abgeschlossen.

F. C. D.

Personen- und Firmenregister

Von den Siemens-Firmen sind nur die verzeichnet, die nicht den Namen Siemens tragen.

Friedrich Christian Delius, geb. 1943 in Rom, aufgewachsen in Nordhessen. Lebt seit 1963 meistens in West-Berlin.

Kerbholz. Gedichte. West-Berlin 1965

Wir Unternehmer. Über Arbeitgeber, Pinscher und das Volksganze. Eine Dokumentarpolemik anhand der Protokolle des Wirtschaftstages der CDU/CSU. West-Berlin 1966

Wenn wir, bei Rot. Gedichte. West-Berlin 1969

Der Held und sein Wetter. Ein Kunstmittel und sein ideologischer Gebrauch im Roman des bürgerlichen Realismus. München 1971

Kingsley, Hypathia (18..)

Quarthefte Jeder Band DM 5.80

Kurt Wolff Autoren, Bücher, Abenteuer. *Erinnerungen*
Christoph Meckel Tullipan. *Erzählung*
Johannes Bobrowski Mäusefest. *Erzählungen*
Günter Grass Onkel, Onkel. *Ein Spiel*
Hans Werner Richter Menschen in freundlicher Umgebung. *Satiren*
F. C. Delius Kerbholz. *Gedichte*
Stephan Hermlin Gedichte und Prosa. *Eine Auswahl*
Wolf Biermann Die Drahtharfe. *Balladen, Gedichte, Lieder*
Jakov Lind Eine bessere Welt. *Roman* (Doppelband: DM 9.80)
Christoph Meckel Die Noticen des Feuerwerkers Christopher Magalan.
F. C. Delius Wir Unternehmer. *Eine Dokumentarpolemik*
Aime Cesaire Im Kongo. *Stück über Patrice Lumumba*
Stephan Hermlin Zeit der Gemeinsamkeit/In einer dunklen Welt. *Erzählungen*
Yaak Karsunke Kilroy & andere. *Gedichte*
Christoph Meckel Bei Lebzeiten zu singen. *Gedichte*
Johannes Bobrowski Wetterzeichen. *Gedichte*
Giorgio Manganelli Niederauffahrt. *Prosa* (Doppelband: DM 9.80)
Boris Vian Die Ameisen. *Sieben Erzählungen*
Walter Höllerer / R. v. Mangoldt Außerhalb der Saison. *Gedichte/Fotos*
Günter Bruno Fuchs Zwischen Kopf und Kragen. *32 wahre Geschichten*
Jakov Lind Angst und Hunger. *Zwei Hörspiele*
Tintenfisch 1 Jahrbuch für Literatur 1968
Marina Zwetajewa Gedichte
Johannes Bobrowski Der Mahner. *Erzählungen und andere Prosa*
Volker von Törne Wolfspelz. *Gedichte, Lieder, Montagen*
Wolf Biermann Mit Marx- und Engelszungen. *Gedichte, Balladen, Lieder*
Jannis Ritsos Gedichte
Johannes Schenk Zwiebeln und Präsidenten. *Gedichte*
Tintenfisch 2 Jahrbuch für Literatur 1969
Christoph Meckel Eine Seite aus dem Paradiesbuch. *Hörspiel*
F. C. Delius Wenn wir, bei Rot. *Gedichte*
Yaak Karsunke reden & ausreden. *Gedichte*
Tintenfisch 3 Jahrbuch für Literatur 1970
Giorgio Manganelli Omegabet. *Prosa* (Doppelband: DM 9.80)
Stephan Hermlin Scardanelli. *Hörspiel*
Aime Cesaire Ein Sturm. *Stück*
Erich Fried Unter Nebenfeinden. *Gedichte*
Wolf Biermann Der Dra-Dra. *Ein Stück* (Doppelband: DM 9.80)
Peter Schneider Ansprachen. *Reden, Notizen, Gedichte*
Dieter Forte Martin Luther & Thomas Münzer. *Schauspiel*
Tintenfisch 4 Jahrbuch für Literatur 1971
Kurt Bartsch Die Lachmaschine. *Gedichte, Songs und ein Prosafragment*
Hartmut Lange Die Ermordung des Aias. *Stück*
Benno Meyer-Wehlack Modderkrebse. *Stück über einen Bau*
Floh de Cologne Profitgeier und andere Vögel. *Lieder und Agitationstexte*
Peter Rühmkorf Lombard gibt den Letzten. *Stück*
Tintenfisch 5 Jahrbuch für Literatur 1972
Klaus Stiller Tagebuch eines Weihbischofs. *Prosa*
Wolfgang Deichsel Frankenstein. Aus dem Leben der Angestellten. *Szenen*
F. C. Delius Unsere Siemens-Welt. *Festschrift*
Erich Fried Die Freiheit den Mund aufzumachen. *Gedichte*
Spielplatz 1 Jahrbuch für Theater 71/72. (Doppelband: DM. 9.80)
Wolf Biermann Für meine Genossen. *Hetzlieder, Gedichte*
Wolf Biermann Deutschland. Ein Wintermärchen. *Poem*
Lesebuch Deutsche Literatur der sechziger Jahre
Veränderte und erweiterte Neuauflage. 224 Seiten. DM 6,80